JN004061

明日あるまじく候

勇気を与えてくれる言葉

細川護熙

文春新書

1323

はじめに

昔の人は本がない時代だから、本を丸ごと写すことも苦にしなかったようで、わたしの先祖の細川幽斎は、あの大部の源氏物語をすべて書き写している。わたしの父の時代の人たちでも筆写をさかんにやっていて、そんな父のノートが数冊残っているが、骨の折れるその作業は熟読以上に文字で心を洗うことになったのだろう。

アンドレ・モロワは「本を読みながら、ノートを傍らに置いて、覚えておきたいと思う意味深い箴言《しんげん》を書きとめておくのは好ましいことだ。いつか気分がふさぎ込んだときなど、これを眺めれば、書きとめられた賢者たちの思索は、生きてゆくのを助けてくれるだろう」といっている。

安岡正篤《まさひろ》氏も、まず何より語録を読むべしとして、「もともと、生きた悟りや心にひらめく真実の智慧、あるいは力強い実践力とか、行動力というものは、決してだらだらした長ったらしい概念や理論から得られるものではない。これは体験と精神とが凝結している片言隻句によって悟るのであり、またこれを把握することによって行動するのだ」といっている。

何度も何度もその章句を読んで心の襞《ひだ》に焼きつけておくことによって、なにか問題にぶつかったときに、ハッと悟って、その語録が行動指針となるのだということをわたしも幾度となく経験してきた。

そんなわけだから、わたしも若いときから本を読んで気に入った章句があると、できるだけメモをとるようにしていたし、また付箋を貼ったり、傍線を引いたりもよくしてきた。結局自分はそれらの言葉によっていまの自分を確立してきたのだと思うし、これなしには自分というものはなかったと思う。

そうやってできあがったノートには、相当な数の言葉があるのだが、今回はその中からいまの気持ちにぴったりくるようなものを五十ばかり抜き出してアンソロジーを編ませていただいた。言葉をそのまま引用した場合もあれば、わたしが意訳したものもある。また、章句を生み出した人の生き方に感銘を受けわたしなりにその生涯を一言で表わしたものもある。

それらの箴言のうち一つでも読者の元気づけになるなら、わたしとしてもこれに勝る喜びはない。

明日あるまじく候

勇気を与えてくれる言葉◎目次

勲章なんてもろたら立ちションもできんようになるわ
命も名も金もいらぬ人間は始末に困る
朝夕なくて叶はざらんものこそあらめ、その外は、何も持たでぞあらまほしき
愚者は言詞を多くす
人と諍論を好むことなかれ
語るに言少なく、善く人に下り、喜怒を色に形わさず
最大の成功の秘密は、不成功にある

意志について

71

酣宴爛酔の余といえども、一坐の工夫なければ眠らず
古人刻苦光明必盛大也（古人刻苦　光明必ず盛大なり）
一生の間よくしん（欲心）思はず
人間を偉大にするのは、偉大への意志以外の何ものでもない
それは量見がある

偉大さは単純なる生活の中にだけある
いま自分のすべてを燃焼させる
世間に自分を合わせるなんてごめんだ
不条理を憎め
天下のこと、万変なりといえども、吾が之に応ずる所以は、喜怒哀楽の四者を出でず
行蔵は我に存す。毀誉は他人の主張
孤独になれる能力、それが人間の幸福をきめるのだ
人を挙ぐるには、すべからく退を好むものを挙ぐべし
人間は負けたら終わりなのではない。やめたら終わりなのだ

情について

117

政を為すの著眼は、情の一字に在り
正道を踏み、国を以て斃るるの精神なくば、外国交際は全かるべからず
精神を充満すれば、閑雲に高臥するも天下を支配する

凡例

タイトルの下の人物名は、主として発言者、執筆者の名前、収録された書籍名である。なお（　）を付けて記した場合は、論じられた対象の名前である。

読者の読みやすさを考え、適宜、旧字を新字に直すなど修正を行った。

本書に収録した作品は、すべて筆者の手によるものである。

生き方について

山水図（2020）

明日あるまじく候

蓮如

よく人は「座右の銘」としてひとつのことばを挙げる。わたしも「あなたの座右銘はなんですか」としばしば訊《き》かれる。正直にいうと、わたしにとっての座右銘はひとつではない。大げさにいえば、座右がことばで取り囲まれていて、それぞれのことばがわたしの座右銘だ。しかし、ひとつを挙げろといわれれば、次のことばかもしれない。

明日あるまじく候

昔、まだ若いころに蓮如《れんにょ》上人の言として「明日はござなく候」ということを聞き、そのことばが深く心の中にしみ込んだ。そうなのだ、明日はないと思って今を生きればいいのだ、と考えることで、心身にある種の爽快感を感じることができた。以後、このことばは生きるうえでの大きな指針になった。政治の世界で活動した時代にも、このことばは常に胸中にあって、これをタイトルにした一本を上梓《じょうし》したこともある。

ところが、このことばの出典を知ろうと思って、自分でも調べ、人にも訊いてみたが、ぴったり同じものに行き当たらなかった。最も近かったのが「仏法には、明日と申す事、あるまじく候」（『蓮如上人御一代記聞書』）で、その後はこれを自分なりに縮めて「明日あるまじく候」として使わせてもらっている。よろずのことに明日はないと思い定めて生きること。この蓮如上人の言葉に加えてもうひとつ、わたしが好きなのは、よく知られた桶狭間の合戦に際し、信長が謡い舞った曲舞《くせまい》の謡曲、「敦盛」の一節、「人間五十年、化天《げてん》のうちを比ぶれば夢幻《ゆめまぼろし》の如くなり、一度《ひとたび》生を享け、滅せぬもののあるべきか」だ。信長には毀誉《きよ》褒貶《ほうへん》いろいろあるが、しかし、彼が因習でがんじがらめになっていた中世という時代に大鉈《おおなた》を振るってそれを断ち切り、近世という新しい時代への扉をまことに劇的に開いたという意味で、わたしは信長に強く惹《ひ》かれる。ともあれこれらがわたしの信条であり、それは政治の世界を退いた今日も全く変わらない。

またわたしにとって読書は生活の重要な糧《かて》であり、多忙な日にも、移動のときや就寝前になにがしかの時間を読書に充てている。そして心にかなった章句やことばを抜き書きしたり、長文であればコピーを取ったりして、時間のあるときにスクラップし、そこに自分のちょっとした感想などを書き添えている。そのようなファイルがいつの間にかかなりの冊数になった。

　ときどきそれらをひっくり返し、そこから自分の指針とすべきことばをさらに抜き出して書き留める。それは先人のことばの数々を巡礼しながら、みずからの生き方を探す思索的行脚《あんぎゃ》といえるかもしれない。結果として、雑多なメモの集積のようなものが出来上がってきたが、そういう作業を通して、自分の中で血肉化したことばが少なからずある。

　わたしにとって、座右銘はひとつではない、というのはそんな事情があるからだ。長短はさまざまで、なかには出所がよく分からなくなってしまったことばや、自分流に変形させたものもあるが、人生の節目節目で向う方向を指し示してくれたそれらの言葉は、いまもってわたしの宝である。

註

蓮如（一四一五～一四九九）　室町時代の僧で、浄土真宗本願寺第八世宗主。本願寺教団中興の祖とされる。

ヨガの教書

腹六分で老いを忘れ、腹四分で神に近づく

古くから伝わるヨガの教書には「断食は万病を治す妙法である」などとともに、このように書かれている。古代ギリシアの哲人をはじめ、似たような考えは古今東西、いろいろな人が抱いたようだ。例えばピタゴラスも「少食にすれば心身ともに頑健になり、病の神も汝《なんじ》から去る」と言っているようだが、いずれも飽食への戒めで、これを突き詰めると絶食・断食の思想に至る。

釈迦《しやか》も、マホメットも、キリストも、宗教の祖師といわれる人たちは、みな断食修行によって悟りを開いたといわれる。

わたしも高校時代から、宗教関係の本をいろいろ読んで、断食とか少食の効用とかについては人一倍関心を持ってきた。わたし自身「食べすぎこそ諸悪の根源だ」と確信していて、わたしはこれら古人の言葉を、わたしなりに消化して冒頭のように「腹六分で老いを忘れ、腹四分で神に近づく」とまとめている。

わたしの日常できちんととる食事は、一日に一食ないし一・五食である。ちなみに今日の献立を言うと、朝はリンゴ半分と蜂蜜入りのコーヒー、昼は辛味大根のおろしソバ一杯。夜は五穀入りの玄米ご飯少々とワカメの味噌《みそ》汁、それにレンコン、ニンジン、タケノコ、ゴボウ、コンニャク、シイタケ、鶏肉などを合せた筑前煮と納豆、メザシというものだった。

日々の暮らしの中で、わたしは出来るだけ食事を自宅でとるようにしているが、しかし時には会食の予定が入って、ステーキを食べたりすることもある。そんなときは翌日の朝食は抜き。いままでにも一週間の断食や、三日断食、半日断食、一日一食など、そのときどき、日程の立て込み具合や体調に合せて、さまざまな断食や減食を実行しているが、そんなときに活躍するのは野菜や果物などを発酵させた飲料にミネラルジュースをブレンドした飲み物である。

さらに食卓の常備品としては、胡麻《ごま》、じゃこ、砕いたナッツや青海苔《あおのり》でつくった自家製のふりかけと焼き海苔、それにシラスをフラックスオイル（亜麻仁油《あまにゆ》）とニンニクで味つけしたドレッシングがあって、活用している。

一方、できるだけ食べないように注意しているものは、白いご飯やパンで、精製した白砂糖や牛乳にも気をつけている。トランス脂肪酸を含むマーガリンやショートニング、オメガ6脂肪酸を多く含む加工食品などは、瓶や袋の表示を見てはじいている。

多くの食品に添加物が含まれている今日の状況を完全に回避するのはなかなか難しいが、この状態を放置すれば、日本は遠からず世界一の疾病先進国になるのではと強く危惧している。

薬はできるだけとらない主義だが、年齢とともに摂取しにくくなる栄養素もあるので、最小限サプリメントで補うように心がけている。アミノ酸や脂肪酸、各種ミネラルやビタミン等はいずれも健康の維持増進に欠かせないが、その中でも重要なのはマグネシウムで、「マグネシウムで治せない病気はない」という先験的な研究者たちの言葉をわたしは信じている。

ただ、甘いものも嫌いではなく、美味《おい》しそうなケーキを控えるとなるとフラストレーションがたまるので、蜂蜜を使った自家製のスイートポテトと豆乳で作ったアイスクリームは例外で、いつも冷蔵庫に常備してある。

ピタゴラス（前五七〇頃～前四九六頃）古代ギリシアの哲学者、数学者、宗教家。「ピタゴラスの定理」で名高いが、医学も深く研究した。

人間は所詮、みなウンチ袋にすぎない

木曾秀観

子どものときから、わたしは自分にとって興味があること、意味があると思ったことは一生懸命やったが、いったいなんの役に立つのかと疑問を感じたものは一切やる気が起きない性分だった。中学時代とくに数学や物理、化学などには全く関心が湧かず、宿題さえろくにやらなかったので、落第点の赤線ばかり。父の前に通信簿を放り出すと、いつも苦虫を嚙《か》みつぶしたような顔をされたものだ。

あるとき社会の試験で「港町の発展の条件はなにか」という問題が出たとき、わたしは答案用紙にデカデカと「ストリップ劇場」と大書して提出した。厳しいカトリック系の学校のこと、これは由々しき問題になったようで、父はドイツ人の校長から呼び出され、厳しく小言をいわれて帰ってきた。わたしの方はといえば、学校の勉強はしないで、もっぱら講談本や歴史小説、伝記物などの本を読みあさっていた。吉川英治さんの『宮本武蔵』『三国志』『新書太閤記《たいこうき》』『新・平家物語』などは繰り返し読んだし、特に大佛次郎《おさらぎじろう》さんの『鞍馬《くらま》天狗《てんぐ》』は颯爽《さつそう》とした天狗に惹かれて愛読していた。

いわゆる偉人でも、キュリー夫人とか野口英世とかの科学者にはほとんど関心がなく、もっぱら国内外の政治指導者の伝記ばかり読んでいた。イタリアのカブール、ドイツのビスマルク、イギリスのディズレーリ、チャーチル、フランスのナポレオン、ドゴールといった歴史を動かした人物だ。日本人では特に源頼朝、北条泰時、織田信長、豊臣秀吉などの評伝は繰り返し読んだ。

ビスマルクもディズレーリも信長も、子ども時代はずいぶんやんちゃで、好きなこと以外には目もくれず、学校から追放された人もいる。「ああ、ここにわが同志がいたか」と心強く感じた。信長が父信秀の葬儀に際し、ひとり異様ないでたちで、抹香をクワッとつかんで仏前に投げつけて帰るところなどは、なんと痛快な男かと共鳴したものだ。政治の世界に進む決心をしたのは高校生のときだが、それ以前から気持ちとしては、そういう政治指導者たちに惹かれるところがあったのだ。

中学二年のときに、ついに落第してひとつ年下の弟と同学年になったが、弟の方が成績もずっと上だった。そんな調子だったから、中高一貫教育の学校にもかかわらず、高校に上がる前に「本校ではこれ以上無理なので、別の学校に進むように」と引導を渡されることになった。

そんな中学高校時代のわたしに大きな影響を与えたのは、父が不在のときなどに保護者の代役をしていただいた木曾秀観《ひでみ》先生という清泉女子大の教授をされていた方だった。生家はお寺で、なんでも木曾義仲の末裔《まつえい》ということだったが、当時の先生は鎌倉にあったわが家の一画の離れに奥さんと住んでおられた。今思うと、父が忙しくて子どもたちに目が行き届かないことを案じたうえの、お目付け役の意味合いだったのだろう。

この木曾先生には、人生観、特に仏教的なものの見方、考え方、無常観といったようなものを噛んで含めるように教えて頂いた。学校の成績がいいとか悪いとか、そんなことはつまらんことだ。いい大学に入ろうが、いい会社に入ろうが、それもたいしたことではない。人間なんてこの広大無辺の宇宙、悠久の時の流れからすればとるに足らんものだという。例えば、「人間は所詮、みなウンチ袋にすぎないのだから」という言葉。これは子どものわたしにもわかりやすくすっと胸に入ってきた。わたしが学校で落第点ばかりもらってきても、「それがどうした」と逆にわたしは鼓舞されたものだ。のちになって『荘子』に、「道は糞《くそ》小便の中にもある」という言葉を見出《みいだ》したとき、「ああ、木曾先生はこのことをいわれていたんだな」と思いあたった。

註

大佛次郎（一八九七～一九七三）　小説家。幕末を舞台にした、映画や舞台でも人気を博した『鞍馬天狗』シリーズや『赤穂浪士』などのベストセラーを書く一方、『ドレフュス事件』、『パリ燃ゆ』、『天皇の世紀』のような歴史的テーマの著述も手掛けた。日本芸術院会員、文化勲章受章。

カミッロ・カブール（一八一〇～一八六一）　イタリア統一期の政治家で、自由主義的政策のもとで農業・工業の近代化を進めた。

オットー・フォン・ビスマルク（一八一五～一八九八）　プロイセンの政治家で、ドイツ統一の中心となり、一八七一年にドイツ帝国成立を主導した。

ベンジャミン・ディズレーリ（一八〇四～一八八一）　十九世紀を代表するイギリス保守党の政治家。エジプトやインドなどの植民地支配を強化する一方、アフガニスタンや南アフリカでは反英運動の激化を招いた。

一日暮らしと本来無一物

正受老人・六祖慧能

達磨の禅は、二祖慧可《えか》から三、四、五代と伝わって六祖慧能《えのう》にいたる。日本禅の師匠たちがもち帰ったのはこの六祖慧能の禅で、栄西や道元も中国仏法の主流としてあったこの純禅の道に没入していく。

その慧能はいまの広東省新興県という田舎に生れた。二十歳を過ぎた頃、山から薪を背負って町へ売りにいく途中で、金剛経を説く道者に会う。「そんな有難い経を教える人は誰か。道場があるなら教えてほしい」というと、黄梅県東山の五祖弘忍の道場に行けと教えてくれた。それははるか北の九江から揚子江をわたって東北の山へ入ったところだ。ところがやっと着いてみると、弘忍はこの男が文字を読めないことを知り、入堂をこばむ。慧能は食い下がってやっとのことで入門を許されたが、当分は五百人の学生の喰う米を搗《つ》いておれと、台所の下働きを命ぜられて堂へは上らせてもらえない。毎日米搗きをやらされる。臼《うす》に杵《きね》をおとすには足で踏まねばならない。そこで小男の慧能は重力を増すために腰に重石をくくりつける。おかげで腰は腫れ、足に怪我する。しかし八ヵ月、文句をいわず米を搗いた。そんな時、弘忍が病に倒れ跡継ぎを決めるのに、五百人の弟子に当今の境界《きょうがい》を述べた詩偈《しげ》を作らせ、呈示させる。上座である神秀との決戦になり、慧能は字のかける人に頼んで自分の考えを偈にしてもらう。「本来無一物」という言葉はその時の慧能の偈にあるものだ。それが五祖の目にかなって印可（悟りの証明）をもらい、初祖達磨から伝わる衣鉢を抱いて故郷へ帰る。そしていつまでも老母と一緒に暮したと伝えられる。

慧能さんというと、わたしがすぐ思い浮かぶのは、白隠《はくいん》禅師の師であった正受《しょうじゅ》老人こと道鏡慧端《えたん》のことである。正受老人は大燈《だいとう》、関山《かんざん》の純禅の法脈を受け継いだ江戸の至道無難《しどうむなん》に厳しく鍛えられ、三十五歳の時、推された妙心寺の管長職も蹴り捨てて、雪深い故郷の信濃飯山へ戻った。城主からの寺領寄進、大寺建立の申し出を「僧は三衣一鉢があれば足りる」と固辞して一庵を建て、半僧半俗、慧能さんと同じように、剃髪《ていはつ》した母親とともに畑を耕して日々を送った。大地と天候を相手とする生活には偽善ごまかしの入り込む余地はない。母子ふたりの野良仕事は、それ自体まさに彼らにとって仏行そのものであったろう。のちに禅宗中興の祖といわれる白隠も、飯山のこの百姓和尚の鉄拳によって、はじめて大悟し、日本の禅は生き返ることになった。

飯山にはこの正受老人の「一日暮らし」という文章がいまも伝えられている。

その要旨は、どんなつらいことでも今日一日と思えば、我慢できる。楽しみも亦《また》、一日と思えば、それにうつつをぬかすこともあるまい。一日一日とつとめれば、百年千年もつとめられよう。「一大事と申すは今日只今の心也。それをおろそかにして翌日あることなし」と。

また彼は歌の中でも、さしあたることだけを思え、一日生きればそれで十分なのだ、明日死んでもよいという一日の幸福感を保つ工夫さえあれば、ほかのことは願わなくてよいのだと詠んでいる。

「本来無一物」といい「一日だけ生きればよい。あす、あさってのことをくよくよ考えるな。あす、あさっては勝手にやってくる」の心構えなら、明日は生きていないのだから、ぜいたくなものは不用のはずで、豪邸も、金銀財宝も、高価な車やきらびやかな衣装も、この世の「黄金の花」に執着するのは馬鹿馬鹿しいと思えてくる。

参考文献
水上勉『一日暮し』角川ソフィア文庫
水上勉『禅とは何か』中公文庫

何よりも神仏の目を畏《おそ》れよ

本阿弥光悦

わたしの家に伝わる美術品や古文書などは現在、永青《えいせい》文庫に収められているが、その中に一休禅師の「諸悪莫作　衆善奉行」の一行書がある。細川三斎（忠興《ただおき》）遺愛の品だ。この言葉は「七仏通戒偈《しちぶつつうかいげ》」の初めの二行で「悪いことをしなさんな。善いことをやりなさい。それによって自ら心を浄《きよ》めるというのが諸仏の教えである」という仏教のもっとも根本的な戒めの言葉だ。

一休さんはこの戒語を好んだようだが、この言葉にはこんな逸話がある。それは詩聖といわれた白楽天と鳥窠《ちょうか》和尚との問答だ。鳥窠和尚というのは唐代の道林禅師のことで、いつも松の木の上で座禅を組み、鳥が巣をつくっているように見えたためこの名がある。白楽天が和尚に仏法の大意をたずねたとき言われたのが、この「諸悪莫作　衆善奉行」だ。子ども扱いされたと思った白楽天がそんなことは三歳の童子でも知っているというと、八十の老翁でも行うのはむずかしいと和尚から一喝されたと伝えられる。

本阿弥《ほんあみ》光悦《こうえつ》といえば、書をはじめ、黒楽赤楽の茶碗、舟橋の蒔絵硯箱《まきえすずりばこ》などで知られているし、また茶人としてもよく知られている。本阿弥の家は、足利尊氏のころから刀の目利き、研ぎを家業としてきた家で、京を代表する町屋のひとつであった。代々、欲深でいつくしみの心に欠けることをなによりも憎み、富貴なることを嫌う家風を育んできた家だけに、光悦の孫、空中斎光甫《こうほ》が書き遺した『本阿弥行状記』にはこんなエピソードが記されている。

光甫が江戸に滞在中のある日、松平安芸守《あきのかみ》の屋敷によばれていくと、腰の物奉行の今田某という人が古鞘《ふるさや》に入った錆《さ》びた刀をとりだして、「国元よりこれを代金二枚で処分してほしいと頼んできたので、何人かに見てもらったが、誰も欲しいという者はおらず、買い手が見つからない。そなたの手でどこか適当な所を見つけて処分してくれんだろうか」と頼んだ。

光甫が刀をとり出して眺めてみると、それには銘もなく、錆びて見るかげもなくなっているものの、刀はまさしく正宗《まさむね》に間違いない。そこで光甫は「よそへ出すにも及びませぬ。処分するといわれるなら、どれだけ高値でも私のところでお引取りいたしましょう。しかし、あとで後悔されませんように」というと、その場に居合わせた重臣たちも大いに関心を示し、「そのほう、その刀が殊のほか気に入ったようだが、この刀はいったいどういうものなのか」と口々に尋ねるので、光甫が正宗に間違いありませぬと断定すると、みな大いに驚愕したのであった。

光甫はその刀をあずかって京に帰り、研ぎあげてみると刀は真価を発揮し、見違えるようによい刀になった。一族の長の光温に見てもらうと、正宗という光甫の判定に間違いはなく、光温は判金二百五十枚という高値をつけ、さらに正宗という象眼を入れた。

松平家の刀奉行が処分してくれといったのだから、並の商人であればこれを掘出し物としてもっけの幸いとばかり、そ知らぬ顔で二両で買いとったであろう。しかし、本阿弥の家では、目利きたる自分たちが見て正宗とわかっているものを、そ知らぬ顔をして引取るような所業を恥とした。大事なのは金儲けではない。大事なのは他人の目ではなく、己の心の律だということだ。

光悦はいっている。何よりも神仏の目を畏れよ。たとえ誰ひとり知る者はなくとも己《おのれ》が省みて疚《やま》しいことをするな。ただ、己が心一つを頼めと。「諸悪莫作　衆善奉行」にも通じるその心持こそ、かれらが最も大事にしたものだったのだ。

註

細川三斎（忠興、一五六三〜一六四六）　父は幽斎（藤孝《ふじたか》）。信長、秀吉、家康に仕えた戦国武将で、熊本藩の礎を築いた。

愚《ぐ》公《こう》山を移《うつ》す

列子

紀元前十世紀ごろ、後に中国・周王朝の文王となる西伯は、ある日狩りに出る。その時占いをすると、「今日の獲物は龍でも、虎でも熊でもなく、覇王を補佐する人物である」といわれる。

狩りに向うと、途中渭水《いすい》のほとりで釣りをしているひとりの老人に出会う。この老人は、呂尚《りよしよう》という名前で、おかしなことに、先の曲がっていない釣り針にえさもつけず、川の水面より上に糸を垂らしている。不思議な老人だと思って西伯が「そんな針で釣れるのですか」と尋ねると、老人は「いいや、魚は釣れぬな。しかし、ひょっとすると、天下が釣れるかもしれぬ」という。

これにピンときた西伯が、そこに座りこんで老人と話してみると、まさにその老人こそ占いにいわれた通り、古今の兵法に通じ、高い徳と見識を持った覇王の補佐役となる人物であることがわかった。西伯の祖父「太公」が待ち「望」んだ人物ということから、この老人はそれから太公望と呼ばれることになった。

これも曲がっていない釣り針の話と同じく中国由来の話。

「愚公山を移す」という言葉がある。あの洋画家・熊谷守一《もりかず》さんも九十八歳で亡くなる少し前、「愚公移山」と揮毫されていた。

愚公というのは、『列子』の寓話に出てくる人物で、北山《ほくざん》の愚公と呼ばれ、齢九十歳に達していた。彼の住んでいた所には、二つの高い山があり、人々は出入りの際の回り道に不便を感じていた。そこで愚公はあるとき、目の前にある山を移そうと思い立ち、箕《み》でもって少しずつ土を運びはじめる。老人が少しの土を運んだところでどうなるものでもない。多くの人々は、愚かなことをするといってその企てをばかにして笑いものにしたが、彼は黙々と土を移して倦《う》むことがなかった。愚公は嘆息《たんそく》していった。「お前たちは愚かな心の持ち主だ。なぜならたとえ私が死んでも、私の子孫たちは尽きることがない。ところが山の方は絶対にこれ以上高くならないのだから、いつか必ず平らにすることができるのだ」と。愚直に徹することを信条とされた熊谷さんに、この『列子』の言葉はまさに共鳴するものだったろう。

天帝が愚公の誠意に感動し、二つの山を神に背負わせて他に移させたので、愚公の住んでいた所にあった山はなくなったという。

大事業は営々たる努力の集積の結果であり、一代の功のみでは成し遂げられぬという教訓である。

それに通じる話だが、わたしは湯河原の家の床の間にときどき、慈雲尊者の「没量《もつりよう》」という軸をかける。

没量というのは中国の禅書『碧巌録《へきがんろく》』（第五十五則の評唱）にある言葉で、その意味するところを端的に言い当てた話がある。時代は下るが、蓮如上人のところに、あるとき若い坊さんが弟子にしてほしいとやってきた。蓮如から「それでは琵琶湖の水を一人で掻き出してこい」といわれた若い僧は、そこにあったひしゃくを持って駆け出していこうとする。蓮如はそこで「待て、待て、よし弟子にしてやろう」と。つまり、世間の価値基準では、すべて量の多寡《たか》を基準に考える。お金でも、売上でも、物の数でも多ければ多いほどよしとされる。大量生産、大量消費、経済成長至上主義がいまなおお題目になっている時代に、「没量」というのも誠に以て銘すべき言葉ではないか。

註

太公望　呂尚。周の文王・武王を補佐し殷を滅ぼした。その後、斉に封じられた。

幸福に遇う人は、惜福の工夫のある人だ

幸田露伴

初対面の人に会うときに、この人はどんな人だろうかと誰もが上から下まで相手を見て観察する。

アメリカ大統領だったリンカーンに、友人がある人物を推薦したところが、いっこうにとりあわない。腹を立てた友人が「あれほどの優秀な人材を君はなぜブレーンにしないのか」と詰め寄ると、リンカーンは「あの男の面《つら》が気に入らぬ」と答えた。よく知られた有名な話だが、「大統領ともあろうものが、面構えぐらいで人物の評価をするのか」とさらに詰め寄った友人に、リンカーンは「人間四十をすぎたら、自分の顔に責任をもたねば」と応じたという。確かにある程度の年齢になれば、悪事を働いた人間はテレビなどでみても、やはりそれらしい顔つきになっている。

生前ご厚誼にあずかった伊藤肇氏の『喜怒哀楽の人間学』によると北宋の詩人・黄山谷は「士大夫、三日、書を読まざれば、面貌《めんぼう》、憎《にくむ》べく、語言味なし」といっているという。

確かに人間、三日も聖賢の書を読まぬと、人生の哲理が体に入ってこなくなるので、面相も悪くなるし、コクのある言葉も吐けなくなるというのは、よくわかるような気がする。

『十八史略』の中には人相に関する話がいくつも出てくる。

その中の一つに越王・勾践《こうせん》を扶《たす》けて呉の国を平定した范蠡《はんれい》の話がある。呉の国を平定した後、范蠡は「どうも自分は越王に消されるかもしれない」という予感をもった。そこで凱旋《がいせん》して程なく越王に一書を呈し、「今や君主は宿敵、呉を平定されましたし、この機会に臣が主君の許《もと》を去ることをお許し頂きたい」と願い出た。

越王は驚いて「なぜ唐突に余の許を去るなどと申すのか。もしどうしても去るというなら、余は心ならずも卿に誅《ちゅう》を下さねばならぬことになる」と脅した。

それに対する范蠡の返事が勾践の手もとへ届くころには、荷造りをして、家族ともども船に乗って行方をくらました。そして大夫の文種《ぶんしょう》に手紙を送った。

「越王の人となり、長頸烏喙《ちょうけいうかい》なり。与《とも》に患難を共にすべきも、与に安楽を共にすべからず。子何ぞ去らざる」と。「長頸烏喙」とは首が長く烏《からす》のようなとがり口をしていることをいう。このような人相からして、苦難を共にできても、安楽を共にできるような人物ではない、と忠告したのだ。范蠡が心配したとおり、文種は反乱をおこすようだと周囲から告げ口をされ、越王から下賜された剣で自ら命を絶った。

一方の范蠡は、斉の国で名前も変え、父子で再び財産づくりに励む。斉の国でも巨万の富をなし、手腕を買われた范蠡は、ここでも宰相に推される。富も名誉も手中に収めると、人は有頂天になって益々欲深くなるものだ。しかし范蠡は「長くこんな高い名声を受け続けるのはよくないことだ」と、宰相を辞し、自分の財産をことごとく人々に分与して、自分は貴重な宝石類だけをもつと、こっそり斉の国を去り、陶の国に入った。

幸田露伴は「幸福に遇う人を観ると、多くは惜福の工夫のある人だ」（『努力論』）と、つねに立ち止まって自分をみつめることの大切さを説いている。

註

『十八史略』 曾先之（南宋～元時代の人）がそれまでの正史などから主な歴史やエピソードを抜粋して編纂したもので、日本では長く中国史の教科書的な役割を果たした書。

参考文献
竹内弘行『十八史略』講談社学術文庫
伊藤肇『喜怒哀楽の人間学』ＰＨＰ研究所
幸田露伴『努力論』岩波文庫

諸縁を放下すべき時なり

吉田兼好

『徒然草』も『方丈記』同様、学校の教科書の抄録で読んだのが最初の出会いだった。そのときは「つれづれなるままに、日暮らし硯《すずり》に向ひて……」という序段の文章を漫然と暗記しただけで、格別の感想ももたなかった。しかしその後、いろいろな人の文章からその思想性を教えられ、あらためて読み直してみるうち、深く共鳴するところが多いことに気づいた。

源平合戦のただなかから鎌倉時代の初期に生きた鴨長明《かものちょうめい》と同様に、吉田《よしだ》兼好《けんこう》もまた鎌倉時代末から南北朝の動乱を経て室町幕府に至る歴史の転換期を生きた人である。彼の人生は、若き日に貴族社会に接し、やがて出家遁世《しゅっけとんせい》して比叡山の横川《よかわ》などで修行するが、再び山を下って鎌倉、室町の武士社会ともつながるなど紆余曲折があったようだ。その中で兼好は歌人として、能書家としての名声を高めていく。

『徒然草』の中味は、著者兼好の豊かな人生経験や幅広い人間関係を反映して多岐にわたっていて、同じ遁世者の文学としても、『方丈記』などより多様な楽しみ方ができると思う。道念を説くかと思えば、世相を語り、住居論や歌論があるかと思えば、旅の面白み、怪異譚があり、人の生き方に題材をとった、現実的な処世訓などがあちこちにちりばめられている。しかし、わたしが『徒然草』に最も惹かれる点は、なによりもそこに書き留められた兼好の死生観と人生観で、その思想が端的で的確な寸言や美しい言葉で表現されているところだ。例えば第百三十七段を見てみよう。

> 花はさかりに月はくまなきをのみ見るものかは。雨にむかひて月を恋ひ、たれこめて春の行方知らぬも、なほあはれに情けふかし。

侘茶《わびちゃ》の祖、村田《むらた》珠光《じゅこう》の言葉と伝えられる「月も雲間のなきはいやにて候」を思い起こさせる美意識であるが、この後に兼好は、賀茂《かも》の祭りの賑わいと行列が通り過ぎ、人々が去って行った後の「さびしげになりゆく」さまを述べ、「大路《おおじ》見たるこそ、祭見たるにてはあれ」と喝破し、さらに「都の中《うち》に多き人、死なざる日はあるべからず。一日《ひとひ》に一人、二人のみならんや」と続ける。また第百五十五段には「死期《しご》はついでを待たず。死は前よりしも来らず。かねて後に迫れり。人皆死あることを知りて、待つことしかも急ならざるに、覚えずして来る。沖の干潟遥かなれども、磯より潮の満つるが如し」と。

自然の美しい情趣に浸っているように見えて、兼好の思いはつねに死の上にある。

そういうわけで、生涯の友ともいうべき書をあげるとすると、『徒然草』はわたしにとってその最たるもののひとつだ。政界を引退する前後、しきりに脳裏を去来したのも『徒然草』の文章のあれこれだった。

日暮れ途《みち》遠し。吾が生《しょう》既に蹉跎《さだ》たり、諸縁を放下すべき時なり。（第百十二段）

はや日は暮れかけたのに道はまだ遠い。わが人生はいろいろ曲折のある人生だったが、それもすでにケリがつき、このようなことに相成った。人が世に交って生きていくには、もろもろの儀式や儀礼は避けて通れない。しかし、それらを必ず果たそうとすれば、身も心も休まる暇《いとま》がないまま雑事に追われることとなる。だからいまこそ世間とのもろもろの縁を断ち切るべき時なのだ。もはや約束をも守らないし、礼儀も考えまい。すべての義理を欠いて、己れの心一つに生きていこうとそう決心したのだと。

　そしていまわたしはその通りにやっている。

悟りといふ事は如何《いか》なる場合にも平気で生きて居る事

正岡子規

「今までは人のことだと思ふたに、おれが死ぬとはこいつはたまらん」——江戸時代の狂歌師、大田南畝《なんぽ》の辞世は人をくったものだが、八十八歳まで生きた仙厓《せんがい》和尚は、彼の臨終の枕頭で弟子が遺訓を求めたとき、「死にともない、死にともない（死にたくない、死にたくない）」と書いたので、驚いた弟子がさらに乞うと、その文句の上に「ほんまに、ほんまに（ほんとうに、ほんとうに）」と書き加えたという（三松荘一『仙厓和尚』）。なんとまあ悟りきった境地だろう。

人はいったい迫りくる自分の死にどのように向きあうことができるのか。モンテーニュは、ソクラテスの人生で最も輝かしい期間は、死の宣告を受けてから刑の執行により毒をあおいで死ぬまでの三十日間で、彼はその期間、心を動かすこともなく顔色一つ変えることがなかったと記している。

ではあの正岡子規はどうだったろう。カリエスに冒された子規は全身が腐っていく中で、体のあちこちから出る膿《うみ》に悩まされながら、寝返りさえままならず、苦痛に苛《さいな》まれて号泣する。母を外出させて、そのすきに枕元の硯箱にある小刀で自殺まで考える。

枕頭の硯箱に「二寸許《ばか》リノ鈍《にぶ》イ小刀ト二寸許リノ千枚通《せんまいどお》シノ錐《きり》」がある。それで「ノド笛ヲ切断出来ヌコトハアルマイ　錐デ心臓ニ穴ヲアケテモ死ヌルニ違ヒナイガ　長ク苦シンデハ困ルカラ　穴ヲ三ツカ四ツカアケタラ直《すぐ》ニ死ヌルデアラウカト色々ニ考ヘテ見ルガ実ハ恐ロシサガ勝ツノデ　ソレト決心スルコトモ出来ヌ　死ハ恐ロシクハナイノデアルガ苦シミガ恐ロシイノダ（後略）」（『仰臥漫録』）

そのうち母が帰ってきてしまって、彼は泣き叫ぶ。筆舌に尽せぬ彼の闘病は鬼気迫るものがある。

ロンドンに留学していた親友の夏目漱石に宛てた手紙では「僕ハモーダメニナツテシマツタ、毎日訳《わけ》モナク号泣シテ居ルヤウナ次第ダ、（中略）僕ハ迚《とて》モ君ニ再会スルコトハ出来ヌト思フ。万一出来タトシテモ其時ハ話モ出来ナクナツテルデアロー」

しかしそうした毎日の中にあっても、彼は胸中に去来する思いのすべてを仰臥したまま文章と絵筆に託す。『墨汁一滴』『仰臥漫録』『病牀六尺』……。貰った絵の具を愛用し、果物や草花の画帖まで残している。

ソクラテスが死を待つ期間は三十日間だったが、子規はなんと七年間迫りくる死と対峙しつづけたのである。

子規の生涯はわずか三十六年に過ぎないが、俳句の革新、新しい歌論の提唱など驚嘆すべき活動といわざるを得ない。

寺田寅彦は「何度読んでも面白く、読めば読む程面白さの沁み出してくるものは、夏目先生の『修善寺日記』と子規の『仰臥漫録』とである。如何なる戯曲や小説にも、到底見出されない面白味がある」といって、いつも岩波文庫の『仰臥漫録』を持ち歩いて読んだと書いている。

筆舌に尽しがたい苦痛の中で、子規はある日、忽然《こつぜん》として気付く。

――余は今迄禅宗の所謂《いわゆる》悟りといふ事を誤解して居た。悟りといふ事は如何なる場合にも平気で死ぬる事かと思つて居たのは間違ひで、悟りといふ事は如何なる場合にも平気で生きて居る事であつた。（『病牀六尺』）

いや間違いどころではなく、「平気で生きる」ということが、「平気で死ねる」ということと即同じだという「悟り」を、子規はその地獄の苦しみであった大患・苦行の証《あかし》として我々に示してくれたのだ。

註

仙厓（義梵、一七五〇～一八三七）美濃（岐阜県）生まれの臨済宗の僧侶。禅画の名手として知られる。

百戦百勝するも、一忍に如《し》かず

沢庵

将軍の兵法指南役であった柳生但馬守宗矩《むねのり》が記した『兵法家伝書』の中核となる思想は、禅僧沢庵宗彭《そうほう》の教えによるところが大きい。沢庵に深く帰依し、参禅していた宗矩が、同じく沢庵に私淑していた三代将軍家光から「兵法について沢庵の教えを乞うたらよい」と勧められ、宗矩の問いに答える形で記されたのが、沢庵の『不動智神妙録』。ここから「剣禅一如《いちにょ》」の柳生兵法が生れた。

沢庵がその書でくり返し説いているのは、「無心之《の》心」ということで、わかりやすくいえば、無数の煩悩のよりどころは、何かにつけ心をとめてこだわるところにある。「宗矩殿の兵法にあてはめて申しますと、向うから切りかかってくる太刀を見て、そのままそれにこちらの太刀をあわせようと思えば、相手の太刀に心がとまって、こちらの動きが留守になり、相手に切られてしまう。これを心がとまると申すのです。打ってくる太刀を見ることは見ても、それに心をとめず、相手の打ってくる太刀の拍子にあわせて、こちらから打とうとも思わず、思慮分別を止めず、振り上げる太刀を見るや否や、それに少しもとらわれないで、そのままつけいって、相手の太刀にとりつくなら、切りこんでくる太刀をこちらへもぎとって、逆に相手を切り倒すことができるのです。仏教ではこの止まる心を迷いというのです。無明住地煩悩というのです」と。

さらにまた、

「間不容髪《かんはつをいれず》」と申す事の候（中略）物を二つかさね合ふたる間へは、髪筋も入らぬと申す義にて候。たとへば手をはたと打つに、其儘《そのまま》はつしと声が出《い》で候。打つ手の間へ髪筋の入程《いるほど》の間もなく声が出で候。手を打つて後に声が思案して間を置いて出で申すにてはなく候。打つと其儘《そのまま》音が出で候。

人の打ち申したる太刀に心が止り候へば、間が出来候。其間に手前の働《はたらき》が抜け候。

沢庵は宗矩につぎのようにも教えている。「百戦百勝するも、一忍に如かず」。

つまり「闘いというのはきりがない。それよりも戦わないことが最大の勝利なのです」と。

沢庵が生れたのは信長時代、まさに世は乱世だった。武士だった父は十歳で沢庵を出家させた。二十三歳の時から、大徳寺三玄院で、春屋《しゅんおく》宗園に師事。三十歳で堺の南宗寺に移った。細川幽斎と和歌を通じて縁ができたのもこの頃である。その後大徳寺の長老玉甫《ぎょくほ》紹琮《じょうそう》（幽斎の弟）は沢庵を大徳寺百五十三世に推す。清涼殿で後陽成天皇に謁したが、もともと自分は雲水の身で、大徳寺のような名刹《めいさつ》に住するがらではないと、住山わずかに三日で退山、南宗寺へ帰った。その後幕府が五山十刹の特権を奪うための法度《はっと》を出したことから紫衣《しえ》事件が持ちあがり、沢庵も出羽（山形県）上山《かみのやま》に配流の身となった。六十歳のとき、配流赦免になるが、それには柳生宗矩らの骨折りがあったといわれる。

　家光は沢庵のために、品川に東海寺を建てるなど沢庵にとって物質的には何一つ不足のない生活だったろうが、名誉と虚飾をなによりも嫌い、乞食《こつじき》生活を夢みた沢庵にとっては、それはかえって苦痛でしかなかった。純禅をめざしながら、権力とともにあらねばならなかった運命的な立場への苦悩は深かったに違いない。七十三歳で息を引きとるときの遺戒には、葬儀もいらぬ、読経もしてはならぬと漢文で書かれている。

水上勉『禅とは何か』中公文庫
森本哲郎『サムライ・マインド』ＰＨＰ文庫

欲無ければ一切足り、求むるあれば萬事窮す

良寛

良寛さんといえば、こどもと鞠《まり》つきやおはじきに興じる童心そのままのような老僧のイメージが強い。それはそれで良寛さんの一面ではあるが、しかしわたしが強く魅《ひ》かれるのは、そのこれ以上ない孤独なたたずまいだ。

ある詩では、冬の夜、書もなくしんしんと降る雪の音を聞きながら、古窓の下の線香から立ち昇る煙を眺めるともなく眺めている。七十歳を過ぎて、すでにそう遠くないところに死が迫っているその頃に詠んだものだ。

わたしも五合庵を取材で訪ねたことがあるが、粗末な草庵での極限の貧しいくらしの中での厳しさを通り越した凄まじいまでの修行の日々。良寛さんは、自分の周囲から削れる

ものをすべて削り落とし、僧坊すら捨て、托鉢によって最低限の食を確保する以外、社会からも隔絶して、極貧と沈黙のなかで静観独坐、専念工夫の行持《ぎょうじ》にその生涯をかけて挺身したのだ。孤独と貧こそわが生涯と思い定めた良寛さんは「欲無ければ一切足り、求むるあれば萬事窮す」とも詠っている。意味するところはそのとおりだと思うが、そこまで徹するというのは、ちょっとやそっとの決定《けつじょう》でできるものではない。半年も雪に埋《うずも》れる越後の山中で、何十年も、自ら選んで独り暮した超人的な意志の力――「手まり上人」といわれたやさしさの背後にある想像を絶するこの人の苦闘を思わずにはいられないが、しかしながら飄々《ひょうひょう》とした良寛さんには悲壮な苦行僧の面影はまったくない。わたしはそこに打たれ、圧倒される。

わたしはやきものを始めたときから、本阿弥光悦の茶盌《ちゃわん》にたいへん惹かれるものを感じてきた。なぜかと考えてみると光悦の茶盌にはいいものを造って世の評価をかち得たいなどという物欲しそうなところがいっさい漂っていないからだ。

光悦の家は刀研ぎの名家で、彼はおカネには全く不自由しない立場にあったから、贅沢をしようと思えばいくらでもそれができたのに、あえて質素な暮らし、生き方を貫いて、そのことによって自らの精神を解き放ち、風雅の世界に遊んだ人生の達人だった。その彼に大きな影響を与えたのは、母親の妙秀という人で、あちこちからの付け届けなどは全部恵まれない人に分け与え、九十歳で亡くなったときに遺したものは、単《ひとえ》の着物ひとつ、袷《あわせ》ふたつ、浴衣、手ぬぐい、紙子《かみこ》の夜着、木綿のふとんと布の枕だけであとはなにもなかったという。

「金銀を宝と好むべからず」という自身の言葉を実践した一生だった。

良寛や、この母子の生き方をみると、金にしろ、モノにしろ、なにかを必要以上に所有するということは、心がかえって貧しくなるものだという「モノを極力所有しない」というプリンシプルがしっかりあったのだと思う。

勲章なんてもろたら立ちションもできんようになるわ

福本豊

ベートーヴェンは四十二歳のとき、保養先のボヘミアで文豪ゲーテと出会った。ベートーヴェンはゲーテを熱烈に尊敬していたのだが、ベートーヴェンの性格があまりに烈しいため、六十三歳のゲーテは辟易《へきえき》したらしい。

　あるとき、ふたりは散歩に出かけ、途中、大公ルドルフ一家の散策に遭遇する。そのときゲーテはたちまち脇へよけ、帽子を脱ぎ低く腰をかがめて大公一家に挨拶した。一方、ベートーヴェンの方は、帽子をかぶったまま、両手を背中に組んで、傲然と突っ立っていた。大公も大公妃もベートーヴェンを見て、彼に先んじて挨拶を送った。

　そのあとベートーヴェンはゲーテの態度を激しくなじった。彼にはこの詩人があまりに卑屈に見えたのである。ゲーテは生涯、このことを忘れなかったという。この件はベートーヴェン自身が、手紙の中に書いている。王侯は芸術家に対して、勲章や肩書きなどを授けることはできても、偉大な魂をつくりだすことはできない。だから王侯の方が、自分たちに敬意を払うべきなのだ、というのだ。

　わたしははじめてこの話を読んだ時、思わず快哉《かいさい》を叫んだものだ。わたしもかなり「いひゅうもん」（熊本弁で、意地っ張り、反骨、天邪鬼などの意）なので、国家が国民をランク付けしたり、国民の国家への帰属意識を強める道具ともなる叙勲制度や勲章などには、かねて違和感を覚えてきた。

日本では毎年春と秋に各界の人々に勲章がおくられる。それぞれおよそ四千人。わたしが総理のとき、宮中晩餐会に、燕尾服に勲章をつけてきてくれと指定されたことがあった。しかし、燕尾服も勲章も若輩のわたしごときが持つ筈もなく、燕尾服はある宮さまが用立てて下さり、勲章はその日の主賓であるヨーロッパのある大統領から特別に勲一等なるものを授与されたので、仕方なくそれらを着用して出席した。こんなことはわたしの最も嫌悪するところで、勲章など晴れがましく且つ煩わしきものは、わたしの存命中、没後たるとを問わずすべて拒否、辞退するよう妻・佳代子に重ねて申しつけたことはもちろんである。

文化勲章や国民栄誉賞のようなものは別として、勲章如きものに、人はなぜこれほどまでに執着するのか。真に世の為、人の為に陰ながら尽した人を顕彰することは結構なことだが、既に功成り名を遂げた元公職者らの物欲しげな態は誠に見苦しいものとわたしには見える。これを見れば大体その人物の器量が解るというものだ。

かつて総理時代の日記『内訟録』にもそんなことを書いたことがある。

首相経験者はほとんどが、政界引退後に勲章を受けているが、栗原俊雄氏の『勲章　知られざる素顔』によると、首相経験者で叙勲を辞退しているのは、わたしのほかに宮沢喜一氏もそうだったと知り、やはり心酔する宮沢さんはさすがと納得した。
それにつけて、思い起こすのは、勲章とはちょっと違うが、かつて世界の盗塁王といわれた阪急ブレーブスの福本豊氏（当時三十五歳）が、時の中曾根内閣から国民栄誉賞を打診されたとき、「そんなもんもろたら立ちションもできんようになるわ」といって断ったエピソードだ。アッパレというほかない。拍手。

命も名も金もいらぬ人間は始末に困る

（山岡鉄舟）

慶応四年（明治元年）三月。官軍はすでに駿府《すんぷ》（静岡県）まで進出していた。駿府城に置かれた大総督府《だいそうとくふ》では、東征大総督・有栖川宮《ありすがわのみや》をはじめ、参謀の西郷隆盛が江戸進撃の秘策を練り、三月十五日を期して江戸城を攻略することを決定していた。もし決戦が行われれば、江戸百万の市民がどれほど大きな惨害をこうむるか計り知れない。事は一刻の猶予もならなかった。

十五代将軍慶喜《よしのぶ》は、時の大勢を察知し、慶応三年、大政を奉還し、将軍職を辞することを願い出ていた。しかし、その後も鳥羽・伏見の戦いが起こり、慶喜は敗走して江戸へ戻る。そこで朝廷に対し、恭順の意を表したが、西郷らはそれを信じない。もし、そのまま事態が動かなければ、江戸は戦場となり、朝敵となった慶喜は、おそらく「切腹」をまぬがれないことになる。

幕臣の山岡鉄舟は何としてもそれを避けねばならぬ、と決意する。鉄舟の遺稿（『鉄舟居士の真面目《しんめんぼく》』）によると、彼はただちに行動を起す。

官軍と徳川の間の連絡は途絶え、旧主家の者たちはおろおろして慶喜の恭順を改めて大総督宮に訴える者もいない。顔を寄せ合っても、焦燥、苦慮するばかりなので、鉄舟はまず直接慶喜に会い、その心中をただした上、自分が責任をもってその御意向を官軍に伝えますから、御心配なきように、と約束する。

そして、まだ会ったこともない幕軍の軍事総裁・勝海舟を訪ね、精神不動の色を見た海舟から同意を得て駿府へ乗り込んだ。

ここにおいて、鉄舟と西郷の真剣勝負が実現する。鉄舟は西郷に慶喜のいつわりのない心、「赤心」を伝えるが、西郷は黙然として応じない。

だが、鉄舟の人格が西郷の心に響いたのか、ややあって西郷は大総督宮の意をうかがうといって席を立ち、五条件を鉄舟に示した。

その「五箇条の御書」とは

一、城（江戸城）ヲ明渡ス事。
一、城中ノ人数ヲ向島《むこうじま》へ移ス事。
一、兵器ヲ渡ス事。
一、軍艦ヲ渡ス事。
一、徳川慶喜ヲ備前へ預《アズケ》ル事。

であった。鉄舟は四条までは了承したが、最後の一条、すなわち、慶喜を備前に預けることだけは絶対にうけがえなかった。

もしそういうことになれば、徳川幕府に恩顧を感じ、忠誠を誓っている武士たちが決起してまたもや戦いとなることは間違いない。鉄舟は重ねてそう説いたが、西郷は「朝命ナリ」といって応じない。そこで鉄舟はこう西郷に反問する。もし、あなたと自分と立場が逆になって、あなたのご主人島津公が慶喜公と同じ立場に立たれることになったら、あなたはその島津公を差出すのですかと。そういわれて西郷はぐっとつまる。しばらく黙考のすえ、「わかった。その一条については、よきように取り計らうことをお引き受けする」。大局を見すえた西郷の太っ腹と鉄舟の決死の説得がなければ、明治維新はどんなに血塗られたものになっていただろう。

鉄舟は「本来無一物」が信条だった。だから西郷が評したように、鉄舟はまさに「命もいらず、名もいらず、金もいらず」という始末に困る人物だった。その始末に困る人ならでは、艱難を共にして国家の大業は成し得られぬなり、と西郷はいっている。勝海舟もまたどこかで、伊藤博文や井上馨のような、変革期にはまだ鼻たれ小僧の分際でしかなかったのに、今は大変な地位を得て元勲などと称している連中とは大違いだと鉄舟のことを高く評している。

終生清貧を貫いた鉄舟は明治二十一年（一八八八年）、五十三歳で亡くなったが、生前の徳を偲び、葬儀のときはどしゃ降りの雨の中、清水次郎長をはじめ五千人を越える会葬者が参列したという。

朝夕なくて叶はざらんものこそあらめ、その外は、何も持たでぞあらまほしき

吉田兼好

わたしは高峰秀子さんにお会いしたことはないが、高峰さんといえば、往年の名女優として、ある程度以上の年輩の人なら知らぬ人はまずいないだろう。「二十四の瞳」をはじめ「浮雲」「カルメン故郷に帰る」「喜びも悲しみも幾歳月」など数多くの映画で活躍しておられたことは、わたしのように映画やテレビをほとんど見ない世情にうといものでも、うすうす承知している。

ところがある時ふとしたことがきっかけで、高峰さんの『私の梅原龍三郎』（文春文庫）という随筆を読んで感動した。なにに感動したかというと、高峰さんの人に対する愛、優しさ、思いやり、心づかい、毅然としたところなど、山本周五郎の『日本婦道記』に出てくるような、聡明でしっかりした、日本の伝統的な婦人の居ずまいを、その言葉の端々に感じたからである。読んでいて、慈父に対するように、梅原さんに接する高峰さんの温か

い気持ちが伝わってきた。

わたしが高峰さんの本を手にとったのは、実はわたし自身も油絵や水墨画などを手がけていて、改めて祖父と近かった梅原さんのことに思いをいたしたからである。

わたしの祖父の護立《もりたつ》は、学習院の同窓だった武者小路実篤、志賀直哉、児島喜久雄らと白樺派を興し、また横山大観、下村観山、小林古径、菱田春草ら日本画壇の巨匠たちをパトロンとしてサポートするとともに、梅原龍三郎、安井曾太郎氏らとも親交をもった。

そんなわけで、わたしは祖父に連れられて上野池之端の大観さんの所や軽井沢の梅原邸、湯河原の安井さんのアトリエなどにも何回かお訪ねしたことがある。朝から酒臭かった大観さんのことや、安井さんのアトリエでは大皿にのったモチーフの鯛が腐って異臭を放っていたこと、梅原さんが浅間山を描かれるとき、傍でトンボを採って走り回っていたことなど、いまは懐かしい思い出である。

そんないきさつの中で、東京・目白にある永青文庫には梅原さんの代表作といわれる「紫禁城」や小額の「裸婦」などもよくかかっていたし、梅原さんが使っておられたパレットも、祖父に宛てた二百三十通ぐらいのお手紙も残っている。北京からのお手紙の中には「毎日美しいクーニャン（姑娘）を描いていて幸せだ」というのもある。

高峰さんの『私の梅原龍三郎』を読んで、わたしは改めてわたしの知らなかった梅原さんという大人の風格を目のあたりにするような感じを持ち得たし、梅原さんに対して一層の親しみと尊敬の念を抱くようになった。それは高峰さんの、プロ顔負けの観察眼と記憶力、そして文章の力のしからしめるところだと思う。

その後わたしは高峰さんその人にも関心を持ち、『高峰秀子の流儀』や『わたしの渡世日記』なども書店で求めて一気に読んだ。五十五歳で女優業をパッと退かれてからは、家も夫君と二人で生活する三間だけとして、家財道具にも大ナタをふるい、コーヒーカップまで夫婦二人分以外のものはみな処分してしまわれたというから、これにはただただ恐れ入りましたというほかはない。夫君の松山善三さんが「オレまで放り出されるのではないか」と心配されたというのもよくわかる。

『徒然草』の吉田兼好さんは「朝夕なくて叶はざらんものこそあらめ、その外は何も持たでぞあらまほしき」（第百四十段）といっているが、高峰さんの生き方はまさにそれを地でいったもので、そのいさぎよい生き方を知るとわたしも清々しい気分になる。

横山大観（一八六八～一九五八） 日本画家。岡倉天心に師事し、日本美術院の創立に参加。日本の画壇を牽引し、「生々流転」など多くの作品を遺した。

愚者は言詞《ことば》を多くす

『旧約聖書』

昨今はテレビの討論でも、会社の面接でも、よくしゃべる人間の方が寡黙なものより高く評価されるようだが、それはアメリカ式の黒を白といいくるめる、悪しき弁論術の影響によるものだとわたしは嘆かわしく思っている。

「愚者は言詞を多くす」と『旧約聖書』にもあるように、かつては洋の東西を問わず、言葉は少なきをもって尊しとされた。

例えばトーマス・ア・ケンピスは『キリストにならいて』の「孤独と沈黙とを愛すべきこと」の章の中で、「娯楽的なものより、戒めとなるような書物を読むようにしなさい。もしあなたが、余計なおしゃべりや無駄な時間つぶしの交際を避け、また変ったことや噂話を聞くのを差し控えるなら、よい思想につとめる余裕は十分適当に見つかるだろう。最も偉大な著者たちは、人間との交際を、できるだけ避けるのを常とし、いつも神（だけ）に秘《ひそ》かに仕えることを選んだ」とし、また「人々の間に出かけるたびごとに、私は（前よりいっそう）つまらぬ人間になって帰って来た」（セネカ・書簡・七）といっている。

日本に限らず東洋では、「巧言令色鮮《すくな》し仁」（『論語』）などの箴言《しんげん》にもあるように寡黙こそはいちばんの美徳とされ、多弁を弄するものは軽輩の徒として軽んぜられた。『葉隠《はがくれ》』にも士たる者は、「十言《とこと》は一言《ひとこと》にて済まし申すべく候」と言葉数が少ないことを尊しとしている。昔の人が言葉を軽々しく発しなかったのは、実践がそれにともなわないことを恥じる気持ちがあったからだ。

わたしの大好きな良寛さんは、自らの「戒語」の筆頭に「ことばの多き」を挙げているし、晩年も「常ニ黙々トシテ動作閑雅」だったといわれるように、良寛さんの生き方の基盤は「沈黙」「寡黙」だったのだろう。若いころのエピソードとして伝えられる、土佐で雨宿りのために一宿を乞うた旅人が見た、極限にまでモノを切り詰めた中で、貫かれた無言。粗末な草庵、粗朶《そだ》をくべた炉、托鉢で得たわずかな食べ物、そして一、二冊の本と自作の詩。その時代の良寛さんのすべてがここにある。厳しさを通り越した凄まじいまでの修行の姿。吉野秀雄さんが感動をこめて記している。「この沈黙は不気味だ。じいんと静まり返ったこの沈黙は恐ろしい。なぜなら、彼の沈黙はおのずから彼の真理追求の難行苦行がいかに充実し、透徹していたかを現示する以外のなにものでもないからだ」と。手まり上人のイメージからは想像もできない、温容に隠された凄味《すごみ》をわたしはそこに感じる。
寡黙という点では、『三国志』に出てくる劉備《りゅうび》にも、西郷南洲（隆盛）や大石内蔵助《くらのすけ》などにも共通することで、彼らにイメージされる深沈厚重の気性こそ、聡明才弁に優る第一等の気質として重んじられたというのもよくわかる。

註

トーマス・ア・ケンピス（一三七九〜一四七一） ドイツのキリスト教的神秘思想家。『キリストにならいて』はその著。複数の邦訳があるが、ここでは岩波文庫（大沢章・呉茂一訳）による。

『葉隠』 鍋島藩の家臣山本常朝（一六五九〜一七一九）の談話を基に編纂された江戸時代中期の武士の教訓書・修養書。

良寛（一七五八〜一八三一） 江戸時代後期の僧で歌人・詩人・書家として名

高い。本文のエピソードは、国学者の近藤万丈が書き残したある修行僧の姿で、若き日の良寛のことだと思われる。

参考文献
吉野秀雄『良寛』アートディズ

人と諍論《じょうろん》を好むことなかれ

道元

三島由紀夫は、遺稿集「蘭陵王《らんりょうおう》」の中に「銅像との対決―西郷隆盛」という一文を残している。

「西郷さん。明治の政治家で今もなお「さん」づけで呼ばれている人は、貴方一人です。その時代に時めいた権力主義者たちは、同時代人からは畏敬の目で見られたかもしれないが、後代の人たちから何らなつかしく敬慕されることはありません。あなたは賊として死んだが、すべての日本人は、あなたをもっとも代表的な日本人と見ています。（中略）あなたは涙を知っており、力を知っており、力の空しさを知っており、理想の脆さを知っていました。それから、責任とは何か、人の信にこたえるとは何か、ということを知っていました。知っていて行いました。」……と。

その西郷は人との論争が嫌いで、できるだけそれを避けた。議論などというものは、つまるところ世の中にとってなんの役にも立たぬものであると喝破していたのである。確かに政治討論などを聞いていると、討論しながら自分で勝名乗りをあげている者までいたりするが、勝ち負けは行司である視聴者が決めるのであって、相撲取り自身が軍配をあげるべきではない。

理屈を上手にこねる弁論術にたけているようなものは、世の中にいくらもいるが、大事なことは、「道理」で人を説得できるかどうかであって、それは弁論の技術とは全く関係がない。

道元のただ一人の弟子懐奘《えじょう》は幼くして比叡山に登り名を高めた。懐奘はさらに多武峰《とうのみね》の大日能仁《だいにちのうにん》の弟子となり、「印可」をもらう。

ちょうど、そのころ、南宋から帰った道元が建仁寺におり、その名声が聞えてきた。懐奘は道元にひけをとらぬという自信があった。

「自分は浄土の教えも、天台の教えも身につけた。禅の奥義もきわめた。宋から帰朝した道元という坊主などなにほどのことやある。完膚なきまでにやっつけてやろう」

と、建仁寺に乗りこんでいった。

実際に対面した道元は、自分より二つも年下であった。懐奘は議論を持ちかけ道元に迫ったが、そのひとつひとつを論破され、その場で道元の侍者となることを決意した。

ずいぶん思いきった転進だが、道元にとって懐奘は、なんでも知っている、しかも自分よりも年上の扱いにくい侍者だったに違いない。だが懐奘がいたからこそ、道元の言行録ともいうべき『正法眼蔵随聞記《しょうぼうげんぞうずいもんき》』は後世に残されることになる。

道元は「われ法を知れり、彼に勝《すぐ》れたりと思ふとも、論じて人を掠《かす》め難ずべからず」と遺した。これは一説に偏執し、他説を排斥するような態度を戒めただけではない。つまるところ人との諍いは自他ともに無益である、と道元は喝破しているのだ。もし真剣に仏教を学ぶ人がいて教えを問うた時には惜しまず開示しなくてはならぬ、ともいう。しかし、その時でも「三度問われて、一度答うべし」と。つまり禅者は問われぬことには答えない。もし問われても三度問うまで待って、一度だけ答える。「多言閑語することなかれ」、駄弁を弄してはいけないというわけだ。「今の学人、わが智慧才学人に勝れたりと存ずるとも、人と諍論を好むことなかれ。（中略）学道勤労《がくどうごんろう》の志しあらば時光を惜《おしみ》て学道すべし。何の暇《いと》まありてか人と諍論すべき」

――これが自信満々の論争を挑んだ懐奘を論破したときの道元の言葉だ。

註

道元（一二〇〇〜一二五三）曹洞宗の開祖。比叡山で修業し、一二二三年に唐にわたる。一二四三年に永平寺を開創した。その教えは『正法眼蔵』として没後まとめられた。

参考文献

伊藤肇『人間的魅力の研究』（日経ビジネス文庫）

語るに言《ことば》少なく、善《よ》く人に下り、喜怒を色に形《あら》わさず

（劉備玄徳）

『三国志』の英雄のひとりで蜀《しょく》の国を建てた劉備玄徳《りゅうびげんとく》の人柄を、著者の陳寿は「語るに言少なく、善く人に下り、喜怒を色に形わさず」と述べている。寡黙で謙遜、そして喜怒哀楽を表情に出さなかった人だというのだ。乱世をのし上がったにしては躍動感がなく、あまり面白みのない人間のようにも思えるが、人物評として含蓄に富み、わたしはこのことばをときどき嚙《か》み締める。

ある事件がきっかけで劉備は曹操《そうそう》から猛攻を受け、この時劉備方の将・関羽《かんう》は曹操の捕虜となる。剛直な武将を好む曹操は関羽に惚れ込み、なんとか彼を自分の部下にしようと手を尽すが、関羽は「曹公が私を厚遇してくださるのはよくわかっていますが、しかし、私は劉将軍から厚い恩義を受けており、あの方を裏切ることはできません。曹公に恩返ししたら立ち去るつもりです」といい、その言葉通り、曹操と袁紹《えんしょう》の天下分け目の「白馬の

戦い」に出陣して、袁紹の猛将・顔良《がんりょう》を討ち取り、これを置き土産にして、曹操に別れを告げ、劉備のもとへ向う。その心意気に感動した曹操は、追撃しようとする部下を制止して立ち去るがままにさせた。やはり劉備にはよほど人を引きつける不思議な魅力があったとみえる。

その劉備と覇権を争った曹操は、劉備とは対照的なリーダーである。『三国志』では知略に長《た》け、勇敢で、時世を見通す能力に満ち、詩文にも優れていた多才な姿が多くのエピソードを通じて描かれている。彼は、他の多くの戦国の英雄のような、権力と栄華だけを追い求める人物ではなかった。権謀術策を巡らす一方で、信義を重んじ、理想を追求した英傑だった。

わたしは、こうした曹操像に強く魅かれるが、人としてのあり方を考えるとき、劉備には特に慕わしいものを感じる。

右のことばを考えると、かの大西郷の姿が思い浮かぶ。西郷隆盛もまた謙譲の人だった。内村鑑三によれば、西郷は誰かの家を訪ねても、進んで案内を乞わず、家人がたまたま出てくるまで玄関に立ったまま待っていることも多かったという。

西郷が人に慕われたことは名高い。西南戦争の折も、敗軍必至の状況の中で多くの将士が西郷と最後まで行を共にした。みな死に行く西郷から離れ難かったのだ。薩摩《さつま》藩士のみならず、他藩からはせ参じた人も「一日共にあれば一日の愛、三日共にあれば三日の愛」が湧き、自分は長く西郷さんの身近にいてもう離れることができない、と言ったという。関羽、張飛《ちょうひ》はもとより、諸葛孔明《しょかつこうめい》をはじめとする多くの英傑を惹きつけた、劉備の人間的な磁力には西郷と共通するものがあるように思える。直接会ってみなければ、その魅力の深さのわからない人がいる。劉備や西郷はそういう人だったに違いない。

軽挙妄動を避け、声高に自分を主張することなく、先を人に譲るような人の中に、真の人物がいるのだろう。そういった人間像は歴史の中を探っても、そうそうは見つからないが、非常の時にそのような人物が押し出されるように舞台に現れることがある。時代が人を呼ぶのか、それとも人を作るのか？　「忠臣蔵」における大石内蔵助などはそんな例かもしれない。わたしはわたしなりに、自分の理想像を歴史の中に求めていきたい。

註

『三国志』　二〜三世紀にかけての中国・三国時代を記した正史で、陳寿の筆に成る。これを基に小説化したのが羅貫中の『三国（志）演義』で広く普及している。劉備、曹操、関羽、張飛、諸葛孔明らはその中で活躍する英雄豪傑たち。

内村鑑三（一八六一～一九三〇）明治から大正にかけて活躍したキリスト教指導者。著書『代表的日本人』の中で西郷隆盛に一章を割いている。

最大の成功の秘密は、不成功にある

カール・ヒルティ

わたしが政治の世界へ飛び込む決意を固めたとき、祖父が吉田茂元首相に紹介状を書いてくれた。吉田さんからは、自由民主党幹事長で、実力、人気とも抜群の田中角栄氏のところに草鞋《わらじ》をぬぐようにと口添えしていただいた。それから参議院議員として十二年間、田中派の末席で〝雑巾《ぞうきん》がけ〟をした。その間に、田中氏は総理となったが、一九七四年十月、『文藝春秋』誌上で、立花隆氏が「田中角栄研究」を発表したのをきっかけに、金脈問題追及は国会や日本外国特派員協会などでも日増しに強まり、田中氏はついに十一月二十六日に退陣表明するに至った。

それに先立つ十月二十六日深更、わたしは意を決して田中邸に乗りこんだ。待つこと約一時間、家に戻ってきた総理は、少し酒気を帯びた顔色で、わたしの前に座られた。前置き抜きにわたしはこういった。「若輩者の私が総理に直々《じきじき》にこんなことを申し上げるのをお許しいただきたい。しかし、これは真摯な私の気持ちで、腹をくくって今日は伺いました。田中派内は中央突破論一色ですが、私はそれには反対です。かつてフランスのドゴール大統領は野党との対立で首相を辞任し、パリから数百キロ離れた片田舎に十三年間隠遁《いんとん》していましたが、アルジェ危機で再び国民の圧倒的な声に迎えられて政権を担った。近くはアメリカのニクソン大統領も、大統領選に敗れ、カリフォルニアの知事選にも敗れたが、六年間耐え忍んで大統領の座を射止めた。先生はまだ年齢的にもこれからなのですから、ここはいったん退かれて、ぜひ再起を期してやっていただきたい」と。

「ここまできて、そんなわけにはいかん」と田中さんからはあのダミ声で叱責されたが、わたしは引き下がらなかった。その表情は言葉とは違って険しくはなく、最後に「言いたいことは、わかった」と手を固く握られた。

カール・ヒルティの『幸福論』の中に、示唆に富むくだりがある。

（人生において）成功の連続というようなことは、臆病者にとってだけ必要なのである。（中略）事柄そのものが大きな意義のあるものであるならば、最大の成功の秘密は、不成功にある、と。

最大の魅力を持ち、長いこと全国民に追想されているような人々は、決して成功によってそのような偉大な人生目標に到達したのではない。シーザーやナポレオンは、ブルータスやウォータローの戦やセント・ヘレナ島がなかったならば、歴史上たんに暴君として残るであろう。オルレアンの少女も、その殉教がなかったならば、いくらもいる実行力ある女性にすぎないだろうし、（中略）アブラハム・リンカーンでもその悲劇的最期によってのみこれを手に入れたのである。（氷上英廣訳、白水社）

逆説のようであるが、これが歴史の示す真理であり、ケネディも、西郷も、信長も、龍馬もその好例で、細川ガラシャにもまた、その資格があるだろう。

註

カール・ヒルティ（一八三三～一九〇九）　スイスの法律家、文筆家。ベルン大学総長、ハーグ国際仲裁裁判所判事など。『幸福論』や『眠られぬ夜のために』など、多くの著作が世界的に広く読まれ、日本でも翻訳されている。

オルレアンの少女　ジャンヌ・ダルク（一四一二頃～一四三一）のこと。英仏間の後期百年戦争時に神託を受けたとして出現し、フランス・バロア王家のために戦うが、異端として焚殺された。一九二〇年、ローマ教皇庁により列聖された。

細川ガラシャ（一五六三～一六〇〇）　明智光秀の娘で、細川忠興（三斎）の妻。本名は玉《たま》。光秀が織田信長に背いた本能寺の変により、丹後（京都府）に幽閉されたが、許された後キリシタンに改宗。関ヶ原の戦いで忠興が徳川方についたため、豊臣方の石田三成勢に攻められ、家臣の手を借りて命を絶った。

意志について

龍図（2019）

酣宴爛酔《かんえんらんすい》の余といえども、一坐の工夫なければ眠らず

（足利尊氏）

足利尊氏は源頼朝の同族の名門として鎌倉幕府に重きをなした足利氏の嫡流に生まれた。元弘元年（一三三一年）、後醍醐天皇が鎌倉幕府打倒の兵を起すと、尊氏は天皇軍討伐の幕命を受けて上洛。事件は一旦落着するが、元弘三年、後醍醐軍の再起によって再び出動すると、丹波で突如反幕の旗を揚げ、京都の六波羅探題を急襲、その半月後、鎌倉幕府は滅亡する。後醍醐帝は尊氏を厚遇するが、半面、その実力と声望を恐れ、その対立は次第に抜き差しならぬものとなった。

新政開始からわずか二年後、後醍醐帝の派遣した新田義貞を破り、曲折があったものの建武三年、征夷大将軍に。一方後醍醐帝は吉野に南朝を立て、京都の北朝との対立が始まる。その後、争乱は長期化、全国化し、尊氏は延文三年（一三五八年）五十四歳で病死する。

尊氏は一方から見ると悪党の見本のようにいわれるが、南北朝時代の『太平記』と並ぶ軍記物である『梅松論《ばいしょうろん》』によると、彼の師であった夢窓国師は、口をきわめて尊氏のこと

を誉め称えている。

鎌倉幕府の征夷大将軍・源頼朝は、政治を自ら執り行った。賞罰に関しては私心をはさまなかったものの、「罰の辛《から》き故に、仁の闕《か》く所々見ゆ」、つまり思いやりに欠けるところがあったのだという。

しかし尊氏は、仁徳を兼ね備えているのは当然として、以下のような三つの徳を挙げている。

第一に、心が強い。合戦で命の危険にあっても、いつも笑っていて、死を恐れている様子が感じられない（怖畏《ふい》の色なし）。戦場で、矢が近くに飛んできても意に介すことはなかったそうだ。

二つ目として、生まれつき慈悲深く（慈悲天性）、他人を恨むことがない、さらには多くの仇敵すら許す。『太平記』を読むと、尊氏の側近が突然裏切って敵方につき、形勢が変わると尊氏のもとに帰ってくる姿がよく描かれるが、この性格だからこそできた芸当であろう。

三つには、その心が広く（御心広大）、物惜しみすることがない。金でも銀でもまるで土か石のように考え、武具や馬なども手に触れるに任せて与えていたという。ある時、尊氏のところに贈り物が届けられたが、人にあげてしまうので、手元には何ひとつ残らなかったという逸話が残っている。

　こうした鷹揚で無頓着な尊氏を見聞きした家臣たちは、みな「命を忘れて、勇み戦うことを思わないものはいなかった」（『梅松論』）といい、これが尊氏最大の人間的な魅力だった。

　また尊氏は後醍醐帝に背いて朝敵となったことを悔やみ、一時は出家を宣言したりしているが、後醍醐帝の死後、天皇の菩提を弔うため全国に安国寺を建立、また京都・嵯峨野に天龍寺を建立した。


　夢窓は武将としても、政治家としても、大変魅力的であった尊氏について「われ尊氏に及ばざるもの三つあり」といって先に挙げた三点を談義の度ごとに述べているが、その三つに加えて、どう逆立ちしても、尊氏の足もとへも及ばないものがあるといってこんな言葉を残している。

　それは「御大飲酒の後も、一座数刻の工夫をなし給ひし」（『梅松論』）、つまり「酣宴爛酔の余といえども、一坐の工夫なければ眠らず」ということで、尊氏は、宴席などで、どんなに酔っ払っても、床に入る前に必ず座禅を組んでから休むという強い意志の持主だったと。

古人刻苦光明必盛大也（古人刻苦　光明必ず盛大なり）

慈明

高校生の頃、わたしは祖父護立の邸《やしき》に寄寓《きぐう》していた。護立は若い頃病弱であったが、人に勧められて白隠禅師の著書『夜船閑話《やせんかんな》』を読み、禅師が会得した「内観」の法を自らも修行することによって、その体質を改善できたことから、禅に深く傾倒し、白隠の墨跡なども蒐集《しゅうしゅう》するようになった。

毎晩食事の後、祖父は、その白隠の墨跡を居間で掛け替えるのを日課としていたが、白隠の力強い筆で書かれた言葉のいくつか、例えば「動中工夫勝静中百千億倍」（日常生活のなかでの座禅工夫は、山中の静寂のなかでの工夫に、百千億倍勝る）や「暫時不在如同死人」（少しでも心に油断があり、正念相続がとぎれたならば、それは死人も同じである）などは、いまでもわたしの脳裏に強く焼きついている。

　その中のひとつ「古人刻苦光明必盛大也」は、白隠がまだ若く修行中の頃、『禅関策進』の一節を読んで、心を打たれたことばだという。これは高名な慈明《じみょう》禅師が夜遅くまで修行し、睡気《ねむけ》におそわれると、居眠りをふせぐために、片手に錐《きり》をにぎり、自分の股《もも》に突き刺さる錐の痛みで目を覚ましてさらに勉学を続けたという故事に由来する。白隠は古人が命をかけて刻苦精進したのだと悟り、自分のそれまでの、ややもすれば安逸に流れる態度を反省し、それから禅道修行に身を入れだしたのだという。

　古人のこうした奮闘の足跡は挙げればきりがないが、例えばベートーヴェンの生涯などもまさに感動に値するものだ。ベートーヴェンは二十六、七歳の頃から聴覚に変調をきたし、四十代半ばからはほとんど耳が聞こえなくなった。音こそ命の音楽家として、彼は絶望のどん底に落ち、ついに弟宛ての遺書を書くまでの思いつめた状態になった。しかしベートーヴェンはこの深い悲しみの中から敢然と立ち上って、再び猛然と仕事を始め、『第九交響曲』その他、今日も世界中の人々を感動させる名曲を次々と作曲する。彼のモットーは「一日も楽譜を書かざる日なし」であった。

　ベートーヴェンの生涯におけるいくつもの不幸、音楽家として致命的な聴覚の疾患、深刻な失恋の体験、しばしば訪れた貧困にもめげず、彼が不屈の意志によってかち得た輝かしい勝利は、どれだけ多くの人々にはかり知れない感動と勇気、光明を与えたことか。

ロマン・ロラン著『ベートーヴェンの生涯』（片山敏彦訳、岩波文庫）の最後には、要約するとこのようにある。「どんな勝利がこの勝利に比肩し得るだろうか？　ボナパルトのどの勝利、アウステルリッツのどの赫々《かつかく》たる日が、この超人的な一人の人間、まるで悩みそのもののような人間、世の中から歓喜を拒まれたその人間が造り出したその歓喜に勝るといえるだろうか。――悩みをつき抜けて歓喜に到れ！」

まさに刻苦の末の光明であった。

註

白隠禅師（慧鶴、一六八五〜一七六八）江戸時代の禅師。駿河国（静岡県）に生まれる。日本の臨済禅中興の祖といわれる。書画もよくし、人気が高い。

ロマン・ロラン（一八六六〜一九四四）フランスの文学者。人道主義、平和主義的な思想・作風で知られ、ベートーヴェン、ミケランジェロやトルストイの評伝を書いた。代表作に『ジャン・クリストフ』がある。

一生の間よくしん（欲心）思はず

宮本武蔵

少年の頃、いちばん印象に残っている本はなにかというと、それは吉川英治の『宮本武蔵』だった。孤独な苦悩する求道者としての剣豪のイメージがこの小説によって巷間に定着することになった。むろんこれは作家の想像力によって生みだされたものだが、しかし、作者は執筆にあたって、史実と伝承を丹念にあさり、人情や土地柄などにもできる限り接して書きあげたと随筆などにも書いている。

武蔵は天正十二年（一五八四年）美作《みまさか》国吉野郡（現・岡山県美作市）に生れたといわれるが、これにも異説があり、以後十七歳で関ヶ原の合戦に加わったときまでのことは全く分からない。武蔵の経歴がいちおう確認できるのは、細川家の知遇を得て熊本に落ちつく五十七歳以降で、彼の生涯についての信のおける史実は「むかしの漢文体にでもしたら、僅々百行にも足りないもので尽きるであろう」（吉川英治『随筆　宮本武蔵』）ということだ。吉川さんが主として頼った『二天記』という武蔵伝などは、彼の没後百年以上たって完成したものなので、弟子たちによって編まれた虚実入り混じったものという感をぬぐえない。

その点、細川家に遺る古文書類は、晩年を細川家の客分として過した時期に残る唯一の公式文書だ。藩主忠利の求めに応じて描いたといわれる書画類はもちろん素晴らしいものだし、佐々木小次郎との決闘の際に用いた舟のかいを削って作ったといわれる木刀など、これはなかなか重いもので、小次郎の「ツバメ返し」のスピードよりも早く振ったということは、相当な腕っ節の人だったと思われる。

武蔵はその後忠利を慕って熊本に来て、『五輪書』などを著している。永青文庫にある古文書の中には、まだあまり世に知られていないものがあって、それは当時の細川家の家老で、巌流島の立ち会い責任者だった沼田延元の記録である。それによると、小次郎は武蔵の木刀によって打ち倒された後、しばらくして息を吹き返したと記されていて、武蔵はすでに立ち去ったあとだったが、居残っていた数人の武蔵の弟子たちが小次郎にトドメを刺したとある。

一方、小次郎については『宮本武蔵』の中で、「物干竿《ものほしざお》」という長剣を背に負い、いつまでも前髪を落とさぬ、まるで役者のように派手ないでたちの美男剣士として描かれているが、不思議なことに、というか残念ながら、細川家所蔵の古文書の中からは、まだ小次郎に関する資料は見つかっていない。

武蔵が死の直前、弟子の寺尾孫之丞に宛てて記した「独行道」には、「一生の間よくしん（欲心）思はず、身にたのしみをたくまず、我事におゐて後悔せず……」など二十一条にわたる誡が列挙されているが、そんな孤高の近より難いイメージの武蔵にもこんな人間味のあるエピソードが伝わっている。

それは、武蔵が細川藩時代、島原の乱に出征したとき、江戸吉原のなじみの女郎屋から出陣したというもので、いでたちは竹べらの指物二本を背中にさし、なじみの女郎雲井があつらえてくれた紅鹿子の小袖を裏に縫い付けた陣羽織を着て、三人の弟子を従えていたとある。そのとき、廓内の人たちは武蔵のことをどういうわけか勘違いして、「武蔵坊弁慶さんとやらいう人がいくさに出陣するそうにありんす。見に行きんしょう」ということで、廓中押すな押すなの騒ぎだったとある。

参考文献

森本哲郎『サムライ・マインド』ＰＨＰ文庫

人間を偉大にするのは、偉大への意志以外の何ものでもない

（ハインリヒ・シュリーマン）

ドイツ、バルト海沿岸の小さな村に生れたハインリヒ・シュリーマンは、牧師だった父親からいろいろな昔話をきかされて育った。考古学に興味をもっていた父が息子に話してきかせたのは、火山の噴火で埋まってしまったポンペイの悲劇や、ホメーロスによってうたわれているトロイア戦争の英雄たちの運命についてだった。

八歳のとき、父親から『子どものための世界史』という本を買ってもらうと、いよいよトロイア戦争に熱をあげ、いつかトロイアの遺跡発掘をしてやろうと真剣に考えるようになった。

その頃、父からラテン語を教わり、またフランス語を練習するため、子供向きの小説である『テレマックの冒険』を徹底的に暗記するというやり方で、なんと六カ月でマスター

してしまう。同じような勉強のやり方で、英語、オランダ語、スペイン語、イタリア語、ポルトガル語、ロシア語、さらにトルコ語やアラビア語など十八カ国語を習得し、そのどれをも流暢に話したり、書いたりできるようになるのに六週間以上はかからなかったという。

幼いときに母を失い、父親の不祥事によって満足な教育を受ける機会すらなかった少年は、持って生まれた強い好奇心、探求心、不屈の意志と執念によって、自分の夢に向かってまっしぐらに進んでいく。

しかし、幼い頃から夢みていた古代ギリシアの世界に足を踏み入れるには、まだ鍛錬と時間が必要だった。

一文なしの極貧の少年は、十四歳で学校を終え、小さな町の雑貨屋の小僧になる。そこで五年半、ニシンやバターやジャガイモ、酒、ローソクなどの小売りや店内掃除などの雑役にこき使われる。朝五時から夜十一時まで労働する下積みの苦しい生活がシュリーマンを鍛えあげたことはいうまでもない。

そんなみじめな生活から抜けようと彼はあるとき、南米へ向う船の水夫として働きはじめる。しかし、船はオランダ沖で沈没、彼は九死に一生を得て、やっとアムステルダムの貿易商会に簿記係の職を得る。そこで語学の才を生かして自分の会社を起こし、それからロシアで貿易商会の代理人として辣腕を発揮し、さらにはゴールドラッシュに沸くアメリカで、取引のための銀行を創設するなど次々と運命を切り拓き、国際的な大商人にのしあがっていく。

シュリーマンが多くの言葉の中で、最も情熱を傾けてとりくんだのは、ギリシア語であった。しかし三十四歳までは、トロイア発掘の資産を稼ぐために「このすばらしい言葉の強烈な魔力にとりつかれて、商人としての関心がそらされてしまうのを恐れ」て、それに近づくことを避けた。しかし、四十一歳になって、大目的を成就するための手段である商売の成功を見定めて、時機到来とばかり経済活動を打ち切って、いよいよホメーロスの世界に踏み出したのである。シュリーマンの偉大さは、自分の目標に向っての執念を持ち続けて計画的にそのステップを上っていったことである。誰でも一応達成すべき目標はたてるかもしれないが、生涯にわたって、どんな境遇にあっても、いかなる不幸に見舞われても、断固としてそれを完遂すべくその執念を燃やし続けることはたやすいことではない。

この旅人は、生涯夢を見つづけたロマンチストであり、また同時に徹底したリアリストでもあった。

参考文献
エーミール・ルートヴィヒ（秋山英夫訳）『シュリーマン　トロイア発掘者の生涯』白水社

それは量見がある

大石内蔵助

赤穂の義士たちによる吉良邸討入りの事件、いわゆる忠臣蔵は元禄十五年十二月十四日に起ったが、その一年程前、大石内蔵助は江戸にいる堀部弥兵衛に急進派の高田郡兵衛、堀部安兵衛、奥田孫太夫ら三名の暴走をいましめさせるようこんな書状を送っている。茶屋などに出入りしてあえて韜晦《とうかい》して昼行燈《ひるあんどん》を決めこんでいる大石は、ここで暴発されたらすべてが終ってしまうという強い危機感をもっていたようだ。

その中で大石は急進派の面々を「下手大工衆（下手な大工）」という言葉まで使っていま

しめている。

「主君の遺恨を晴らす事は大変な事業であり、必ず成功させねばならない。それは家や土地の普請工事の様なものである。普請の際は、幾度も幾度も地形調査を念入りに行って取り掛かるのが第一である。更には材料準備から始めて、念には念を入れて基礎を固め、設計図を描いて話し合って行わなければならない。いらだって急いで事を行っては、材木も粗末なものとなり、出来上がりも不充分な事になりかねない。たとえ手に入る材木でも十分念入りに検討せねば完成は覚束ない」（現代語訳は多久善郎『永遠の武士道』より）

そしてさらに急進派には、

「我々が時を待っているのは、大学様（浅野内匠頭《たくみのかみ》の弟）によるお家復興に万一の望みをかけているからではないか。事を急いで私心を行うなら、浅野家の根本まで絶ってしまう事になりかねない。世間の者が赤穂の浪人たちは何をしている。主君の仇討もせず腰抜けばかりではないかといおうとも、私心を捨てて事の本質を見据えるならば、世間の批判に

頓着する必要は無い」（同前）
と手紙を送っている。
福本日南《にちなん》『大石内蔵助』によれば、大石は非常の事態に接して、決心の臍《ほぞ》を固めると、「それは量見がある」（自分なりの考えがある）というのが口癖であった。そしてひとたび決定すると盤石動かない。赤穂開城に悲《ひ》憤慷慨《ふんこうがい》し、不甲斐なきを切論する堀部安兵衛も、大石の「量見」の前にことごとく説破されたのである。

赤穂浪士の討入りの事件が発生したのは、細川家では五代綱利のときである。四十七士のうち大石以下十七人が細川家預かりとなった。預かったのは江戸に七つあった下屋敷のひとつ、高輪・魚籃《ぎょらん》坂上にあった下屋敷だ。他の藩では浪士たちは犯罪人扱いだったが、細川家では武士の鑑ということで、藩主綱利みずから幕命に背いて、八百人の手勢をひきいて浪士たちを途中まで出迎えた。藩士と同じように帯刀を許し手厚くもてなした。綱利の指示で三度の食事とも二汁五菜でもてなしたという。長い浪人生活で粗末なものばかり食べていた十七人にとっては、それはご馳走すぎて胃につかえたようで、「もっとお料理を軽くしていただきたい」という大石の嘆願書が残されている。感激した大石らは、お礼の印にといって浅野藩に伝わる櫨《はぜ》の木による製蝋《せいろう》の技術などを細川藩に伝えている。その名残として、熊本には櫨の並木道がいくつか残っている。

いずれにしても、幕府の鼻を明かすような浪士達の行動は、幕府にとって気に障《さわ》ることだったと思うが、江戸市民は志士たちによくぞやったとみな拍手した。厳しいお咎め覚悟で、公然と武士道を称揚した細川藩の行動にも江戸市民は「さすが細川の殿さんは違う」といって拍手喝采だったといわれている。

ちなみに、元禄十五年十二月十四日は、歌舞伎や映画ではみな雪になっているが、細川家の公文書によると、その日の江戸は雪ではなく曇りだったとある。また炭小屋から引張り出された吉良《きら》上野介《こうずけのすけ》は、芝居などでは眉間の傷でそれと分かったと言われているが、本当のところはその服に焚き込められていたお香の香りが、特別の身分の者しかつかわないお香だったので、それと判別したと大石はしゃべっている。

参考文献

宇治楽文編『赤穂義士の書簡』良明堂書店
福本日南『大石内蔵助』養賢堂
多久善郎『永遠の武士道』明成社

偉大さは単純なる生活の中にだけある

（イマヌエル・カント）

哲学者イマヌエル・カントの生涯は、若い時から老年に至るまで、まるで機械のように規則正しく、ほとんど変わることがなかった。

彼は自分が生れたバルト海にのぞむケーニヒスベルクの町（現ロシア領カリーニングラード）から生涯離れることなく、旅行さえも日常生活を乱し、思索の妨げになるといって行かなかった。思索の妨げになる一切のものを、彼はすべて排除した。素晴らしい音楽でさえも。

アルセニイ・グリガの『カント　その生涯と思想』によると、カントの家は二階建てで八部屋あり、一階には学生たちと演習を行う講義室とお手伝いの部屋、二階には食堂と寝室と客間と書斎があった。そして屋根裏部屋には召使いのランペという退役兵の男がいた。書斎には二つの簡単な机と書物類、壁にはルソーの肖像画、蔵書は五百冊ほどで、それらは寝室に置かれていた。

朝五時に起き、書斎で紅茶を二杯飲み、パイプを一服吸うと、七時から階下の講義室で学生に講義をし、それから書斎にこもって研究にふける。午後一時きっかりに友人たちを迎え入れ、四時ないし五時ごろまで、昼食と雑談。そして夕方、親友グリーンの家を訪ねて懇談、午後七時になると散歩に出る。その時間が毎日一分とちがわないので、カントが散歩する姿を見ると街の人は時計を合わせたという。

散歩から帰ると、また読書。そして十時ぴったりに床に就いた。

彼は身のまわりに余計なものは一切置かず、家具、調度品などもつねにきまった場所に置き、少しでも位置を変えることはなかった。

カントは一日一食だったが、彼にとって、食事をするのはさまざまな知的な刺激を受けるこの上なくすばらしい機会でもあったので、人生の愉《たの》しみの結晶のようにそれを大切にし、ゆっくりと時間をかけた。カントによれば、テーブルを囲む人数は、芸術の女神ムーサ（九人）より多くても、美の女神グラティア（三人）より少なくてもいけないとされ、食卓に招く客たちは、毎日午前中に決められた。そういうわけで、常に六人分の食器を用意し、けっして一人で食事をとることはなかった。

『純粋理性批判』のような難解な彼の著作から受けるカントのイメージは、厳格で、気難しい学者という感じだが、彼が食事の席で何よりも嫌ったのは堅苦しい哲学の論議だったという。彼は生涯独身だったが、多くの友人や弟子たちに囲まれ、けっして孤独な思索者ではなかった。

この驚くべき単純な生活。「偉大さは単純なる生活の中にだけある」。しかし、そこから見えてくる、いかなるときにも、自分で自分を律する、その強靱《きょうじん》な意志の力にわたしは頭が下る。わたし自身は、昼食にお客を招いて歓談する習慣をもたないが、このようにルーティンどおり、心穏やかに暮らすことが、カントと同様、わたしにとっても守るべき大切な生活のリズムである。

註

イマヌエル・カント（一七二四〜一八〇四）ドイツの哲学者。ケーニヒスベルク大学教授、学部長を長く務めた。主著に『純粋理性批判』、『実践理性批判』などがある。

参考文献
アルセニイ・グリガ（西牟田久雄・浜田義文訳）『カント　その生涯と思想』法政大学出版局
ボロウスキー、ヤッハマン、ヴァジャンスキー（芝烝訳）『カント　その人と生涯』創元社

いま自分のすべてを燃焼させる

（豊臣秀吉）

豊臣秀吉は幼名を日吉といった。利発な子で、誰からも束縛されることを嫌い、継父にもさからうようになった。母が心配してしばしば諭《さと》したが、いうことを聞かず、わがままなふるまいが多かった。そのため八歳のとき、村の寺に預けられたが、一日中竹木で槍術や剣術のまねごとをして、「坊主はみな乞食だ。おれは乞食になる気はない」といって乱暴したりするので、結局寺を追い出される。母もあきれはて、涙ながらに意見すると、日

吉は「おれは東国に下って暮らしをたててみる」といい、母から銭一貫文を貰って発った。

遠州引間《ひくま》の橋の上で、たまたま通りかかった今川義元の家臣が、休んでいる日吉をみて「どこの国のものか」と尋ねる。「尾張の者ですが、東国の方に働きにでかける途中です」と答えると、その武士は「その男ぶりでは誰が抱えるものか」といって笑った。日吉はそれを聞いて、「御前は大将たるべき器量をお持ちでない方だ。自分が気に入らぬからといって、ほかの者も気に入らぬとはかぎりますまい。浅はかなおことばですね」と逆にそれを笑った。武士は「もっともな申し分だ。おもしろい奴。わしの家来に抱えてとらそう」ということになって、その場で主従の約束をかわす。その道中で武士の同僚の屋敷に立ち寄ると、その屋敷の主人や女房たちはひょうきんな日吉をひと目みて気に入り、早速一芸を所望する。日吉はそれではとおどけた田植歌を謡い、長押《なげし》に飛び上って猿のように柱を伝うなど大いに座を盛りあげた。するとこの家の主から「ぜひこの男をもらい受けたい」との話が出て、武士の方も「お前はしあわせ者だ。ぜひお受けしろ」という。日吉はからからと笑い、「もらおうという人も人なら、やろうという人も人だ。主人たる者は、一年、三年と使ってみて、役に立たぬときは暇をつかわすのが世のつねのしきたりであって、今日抱えて今日人にもらわれていけというのは、主君としての法ではありません」といったので、武士は日吉に折れて自分のところで奉公させることにした。

『名将言行録』に出てくる秀吉のエピソードにはこういう彼の面目躍如とした話がいくつもあって面白い。

あるとき秀吉は信長が鷹狩りにでたとき願いでてやっと信長の草履取りにしてもらう。その頃信長は若かったので、夜ごと忍んで局《つぼね》（女部屋）に通っていた。内々のことなので、草履取りだけで、他の者は召し連れていかない。秀吉はこれからもずっとお供の役を勤めたいと思い、草履取頭《がしら》に「私めは万事見習いたいと思いますので、毎夜お供をしたいのですが」と頼むと「もっともなこと」と許しが出た。ある夜雪が降ったが、信長が局から帰るとき下駄をはくと暖かくなっている。「お前は腰かけていたな。成敗してくれよう」ということになりかかったが、秀吉は「寒夜なので、御足が冷えているであろうと思い、背中に入れて暖めておいたのでございます」と肌を脱いでみせると、鼻緒の跡がくっきりとついていた。秀吉はそれで草履取頭にとりたてられる。

秀吉の働きぶりのすさまじさは、この二つの話からも十分察しがつくが、彼にとってはそのときそのときの自分のすべてを燃焼し尽くしてそのときの任務、仕事にぶつかっていかねば頭角を現すことなどとてもできなかったのだ。これはしかし、秀吉の場合だけにいえることではない。この話は大事をなそうとする者はいつもそんな心構えが必要だということを教えてくれる。

世間に自分を合わせるなんてごめんだ
（葛飾北斎）

浮世絵師、葛飾北斎は一七六〇年江戸本所に生まれた。養父は徳川家用達《ようたし》の鏡師《かがみし》で、母は吉良上野介の臣、小林平八郎の孫娘という。彼の生涯については不明な点が多く、少年期は決して幸せなものではなかったようだ。貸本屋の小僧となって、大風呂敷をかついであちこち歩かされたり、十四、五歳のころには、彫師について木版彫りの技術を習わされたりしている。

　長じて名声赫々《かっかく》たる大絵師となっていく北斎の人となりは、何といっても自分の意志を枉《ま》げない強烈な自我意識で、そのような意識を植えつけたのは、天賦の才もさることながら、こうした幼少期からの逆境によるところがきわめて大きいように思われる。逆境がその才能を磨いたわけだが、彼は生涯強い自負をもって、不羈《ふき》独行の姿勢を貫いた。

こんな話がある。あるとき津軽の殿様が北斎に屏風《びょうぶ》を描かせようと思い、何度も使者をやったが、北斎はこない。ついにしかるべき士分の者が前金五両を携えて北斎を訪ね、藩邸への同行を迫るが応じないので、ついに北斎を斬って切腹するという騒ぎになったが、周囲がなだめてなんとかおさまった。

ところが、数ヵ月して突然、ひとり藩邸に現れた北斎は、屏風に野馬群遊図を描いて帰ったというのだ。権威や金で釣ろうという勧誘には見向きもせず、一旦は頑固を通したが、しかし藩士の苦衷《くちゅう》にも同情していたのだろう。

明治の浮世絵研究者飯島虚心の『葛飾北斎伝』によれば、北斎は「礼儀礼譲をなすを好まず、性頗《すこぶ》る淡泊にして、人に遇《あ》うも、嘗《かつ》て首を下げたることなく、唯今日はといい、イヤというのみにて、時候の寒暖、身体の安否などながながと述べたること」なかったという。

彼は反骨に徹し、世間に自分を合わせるようなことを徹底的に軽蔑したのである。

こういう北斎だったから画名は高かったが、転居続きの一生には貧乏がつきまとった。

弟子が描いた晩年の北斎の住まいの絵があるが、娘ひとりと同居する、とり散らかした部屋で北斎はふとんに潜り込み、背中を丸めて絵筆をとっている。

百十歳まで生きるつもりだった「画狂老人」北斎に天はついに百歳の寿を与えることはなかったが、江戸後半の市井《しせい》に生きた九十年の生涯は、まさに江都の一畸人《きじん》というにふさわしいものだった。

世間に自分を合わせるなんてごめんだという北斎みたいな人は、いつの時代にもいるものだ。中野孝次さんは、里見弴《とん》が『道元禅師の話』で開陳した体の中にある「磁石のようなもの」という言葉に触発され、『人生の実りの言葉』の中でこんな話を紹介している。

明治四十年、首相西園寺公望《きんもち》に招待されて、当時の代表的文士がほとんどそれに応じたとき、漱石は「時鳥《ほととぎす》厠《かわや》半《なか》ばに出かねたり」の句を添えてあっさり断った。二葉亭四迷も断った。出席者の一人であった内田魯庵《ろあん》が四迷に手紙を書き、貴公が西園寺公の招待を断ったのは相手が宰相であり、侯爵であるからだろうが、それはあまりにも詩人的狷介《けんかい》というもので、とるべき態度ではなかろうと非難した。それに対し四迷はただちに返事を書いた。

「いやだからいやだ、と言っただけで、これは理屈ではない。自分の存在を叩けばこういう声が出るのだ。是か非かと頭で考えても小生にはわからぬ、ただこの『いやだからいやだ』という声のみが、小生の本来の面目であることを知っているだけだ」

この人たちはみな理屈をいえばどれもがウソになることを知っていた。自分の内なる磁石の指し示す方向だけが正しいことを、かねての経験によって知っていたのだと。

不条理を憎め

『鞍馬天狗』

御存知、大佛次郎の『鞍馬天狗』の「宗十郎頭巾」の中に、京都で、長州藩士に加担して倒幕運動に奔走する浪人の一群の姿がある。鞍馬天狗もその中に身を投じているのだが、あるとき、天狗は仲間に誤解され、裏切者と見なされて糾弾されるはめになる。そのときの天狗の言葉に、俺は「あいつら（幕府の連中）を憎むのではない。あいつらの愚劣さと不条理を憎むのだ」とある。

中学時代、勉強そっちのけで十数巻ある『決定版・鞍馬天狗』をむさぼり読んだ。ラジオでもそのころ鞍馬天狗は人気で、パッカ、パッカと疾駆する馬のひづめの音とともにテーマソングが流れてくると、いつも夕食そっちのけで胸躍らせて聞き入ったものだ。

そのころのわたしには宮本武蔵をはじめ少なからぬ他のヒーローもいたのだが、なんといってもいちばんの憧れは鞍馬天狗だった。そして今、改めて考えてみても、今日に至るまでそれはまったく変わっていない。

天狗のなににそれほど魅かれるのか。それは一言でいうなら、世の中の不条理を憎み闘うために、いつも颯爽と登場し、悪い奴《やつ》をやっつけたら、いささかのけれん味もなく、風のように爽やかに去っていく、そんな彼の後姿に真の男らしさ、男の色気を感じるからだと思う。歴史に出てくる現実のヒーローたちには、多かれ少なかれどこかに陰があり、そこにはたいてい権力の臭いがかぎとれるものだが、天狗はあくまでも明るく快活だ。心を許す同志はいるものの、彼自身はどこにも属さぬ自由な一匹狼《おおかみ》で、なにかにありつこうというような物欲しそうなところが一切ない。同志の人たちから「なにか、役についてくれるか」といわれても、「遊軍だ。例によって」と彼の答えはいつも明快だった。

天狗の、強きをくじき弱きを助けるといった反「お上」的、在野的なスタンスには、身分の上下や性別についても差別偏見がまったくない。女性に対する優しさには、真に紳士的で洗練されたスマートさがある。彼はそれとは気づかれぬように細心の気配りをしながら、人とも時局とも、じょうずにそれなりの距離を保ち、あくまでも自然体で、屈託なく接する。

その天狗の影響かどうか、わたしには若いころから、なにかおかしなことがあると黙っておれず、ちょっかいを出さずにいられない性分がある。社会正義とかなんとか、そんなもっともらしいものではなく、わかりやすくいえば『坊っちゃん』の単純な正義感か、天狗熱が昂《こう》じた〝天狗的正義感〟とでもいったらいいようなものである。

一九九二年に、自民党一党支配という「日本のベルリンの壁」をぶっ壊すといって日本新党を立ち上げたときも、二〇一四年に政府の原発政策に反対して都知事選に立候補したときも、家族はもちろん友人たちからも、そのドン・キホーテ的行動に頭がおかしくなったのではないかと真顔でいぶかられたものだ。日本新党の旗揚げにあたっては、『文藝春秋』誌上にわたしはこう書いた。

「新党結成は途方もない書生論だと笑われよう。しかし私は難破を恐れず荒海にこぎ出していく。確たる見通しはないが、必ずや多くの同志の人たちが全国津々浦々から海鳴りのように呼応して立ち上がってくれるだろう」（要旨）と。

そして実際に海鳴りが始まったのだ。旗揚げから一年三ヵ月、衆議院議員当選ホヤホヤの身で政権交代を実現することができた。ときには、〝鞍馬天狗的正義感〟も予期した以上の結果につながることがある。

天下のこと、万変なりといえども、吾が之に応ずる所以《ゆえん》は、喜怒哀楽の四者を出でず

王陽明

日本人は欧米人などに較べると、とかく気持ちを表に出さないし、感情表現が下手だというのは確かにその通りだと思う。日本では昔から、どんな時でも眉ひとつ動かさぬとか、顔色ひとつ変えないとか、泰然自若としているとか、そうした表現が落ち着いた人柄を表わすいい方として通用してきた。

喜怒哀楽を表に出さない、感情などには極力動かされないことが優れた生き方だと思いこんでいる人が結構多いかと思うが、人生とは、いかに喜び、いかに怒り、いかに哀しみ、

いかに楽しむかということに尽きるのではないか。

客観主義的な「格物致知《かくぶつちち》」を唱える朱子《しゅし》学《がく》に対して、実践的な「知行合一《ちこうごういつ》」の陽明学《ようめいがく》を樹立した中国明代の思想家・王陽明は「天下のこと、万変なりといえども、吾が之に応ずる所以は、喜怒哀楽の四者を出でず。此《こ》れ学を為《な》すの要にして、而《しこう》して政を為すも亦《また》、其《そ》の中に在り」といった。

要するに人生は千変万化、いろいろさまざまだが、自分がこれらの問題にテキパキと対処できるのは、人生のいかなる変化も、つきつめれば喜怒哀楽の四つを出ないことを知っているからだ、というのだ。

王陽明は元来が文官であり、官僚として高位を歴任した人だったが、あるときは国軍をひきいて各地におもむき、他のどの将軍にも引けをとらない武人としてのすぐれた能力を発揮しつつ、陣中においても学問を講じて、まさに知行合一を実践した人物だけに、その言葉はさすが傾聴に値する。

この王陽明のことばは、逆にいうと「喜怒哀楽」に対する人の対応をみれば、その人間がどの程度の人物かわかるということでもある。

中国思想の源流ともいわれる『呂氏春秋《りょししゅんじゅう》』には、人物鑑定法として次のようなことが挙げられていると、伊藤肇氏は述べている（『現代の帝王学』）。

「之を喜ばしめて、以て、その守を験《ため》す」

人を嬉しがらせて、その人物にどれだけの防備があるかを試みる。嬉しければ誰でも脇が甘くなりがちだが、得意淡然という態度でいられるかどうかを見なければならない。

「之を怒らしめて、以て、その節を験す」

怒ったときは誰でも日ごろの理性はふっとんで、感情の抑制がきかなくなる。節とは、どんなに怒ったときでも抑えるところは抑える、節度を失わないということだ。

「之を哀しませて、以て、その人を験す」

悲しさ、情けなさは、しばしばどこへぶちまけていいかわからない。誰も責められないし、それだけに一層やりきれない気持ちになる。心理学でも「人柄が最もよくあらわれるのは、その人が悲しみに打ち沈んだ時である」という。

「之を楽しませて、以て、その僻《へき》を験す」

人間は楽しむとき、どうしてもその人の僻《くせ》がでる。マージャンでも、将棋でもそうだが、特に賭博など、人によっては一度はまるとなかなか抜け出せないくらいにその虜《とりこ》になる。飲酒にしてもクラブ通いにしても偏《かたよ》りがちになる。その僻を観察して人物を観ようというのだ。

文の国には、さすがに味のある言葉がある。

註

朱子学　中国・南宋の思想家である朱子（朱熹《しゅき》、一一三〇～一二〇〇）が築いたもので、江戸時代に日本でも広まった儒学。「格物致知」はその中核をなす思想で、事物に内在する理を究めて真の知に至ることを説く。

陽明学　中国・明の王陽明（王守仁《しゅじん》、一四七二～一五二八）が築いた思想。「知行合一」は「知れば必ず行動しなければならない」という考えで、日本の幕末の志士にも大きな影響を与えた。

『呂氏春秋』　中国古代の学説や説話を集めた書で、秦《しん》の宰相を務めた呂不韋《りょふい》（？～前二三五）の撰述とされる。

行蔵《こうぞう》は我に存す。毀誉《きよ》は他人の主張

勝海舟

古来士風の美を云へば、三河武士の右に出《いず》る者はあるべからず。（中略）戦国割拠の時に当りて、徳川の旗下に属し、能《よ》く自他の分を明らかにして二念《にねん》あることなく、理にも非にも、唯徳川家の主公あるを知《しり》て他を見ず、如何なる非運に際して辛苦を嘗《なむ》るも、曾《かつ》て落胆することなく、家の為主公の為とあれば、必敗必死を眼前に見て尚《な》ほ勇進するの一事は、三河武士全体の特色、徳川家の家風なるが如し。（福沢諭吉『瘠我慢《やせがまん》の説』）

このような言説は、合理主義的、かつ封建的門閥を仇敵のようにみなした諭吉の言葉とは思えないが、彼がいおうとしたのは、そのような「瘠我慢」がバックボーンとしてなければ、国の面目は確立されず、なにくそという気骨がなければ一国の独立など保たれるわけがないということだった。だから一片の瘠我慢は立国の大本《たいほん》としてこれを重んずべしとまでいっている。

この所論は、諭吉が勝海舟、榎本武揚の身の処し方を激しく攻撃した一文の中にあるもので、多年彼の心中にあった「釈然たらざるもの」を輿論《よろん》に質《ただ》さんとするものであった。その「釈然たらざるもの」とは幕臣でありながら、「徳川家の末路に、家臣の一部分が、早く大事の去るを悟《さと》り、敵に向つて曾て抵抗を試みず、只管《ひたすら》和を講じて自から家を解きたる」不甲斐なさだった。

海舟が西郷とのトップ会談で江戸城を無血開城したことは、たしかに江戸を惨禍から救い、「日本の経済に於て一時《いっとき》の利を成した」ことは間違いない。もちろん外交上の得失なども考慮されたうえでのことだったろう。

しかし、諭吉からすると、そのことによって「大切なる瘠我慢の一大義を害し」たこと甚だしく、海舟はその大義を「曖昧模糊《あいまいもこ》の間に瞞着《まんちゃく》したる者」であり、「立国の要素たる瘠我慢の士風を傷《そこな》ふたるの責《せめ》は免《まぬ》かる可《べ》らず」と諭吉はきめつけている。もしそうした士風をそこなえば「一朝敵国外患の至るに当り、能《よ》くその士気を振うて極端の苦辛に堪へしむる」ことができなくなってしまうというのだ。

さらに、新政府ができると、「曩《さ》きの敵国の士人と並立《ならびたっ》て、得々名利の地位に居る」のは何事か、と彼は厳しく海舟、武揚を糾弾している。諭吉が憂えたのは、こうした人物の出処進退が、士の美風である「瘠我慢」の気風を衰退させてしまうということであった。

　これに対して勝海舟は「行蔵は我に存す。毀誉は他人の主張。我に与《あず》からず」、つまり進もうと退こうと、それは自分の肚《はら》にあることで、批判は人の自由、とやかく野次馬がいうならいえばいいとバッサリ切り捨てている。行為する者にとって、行為せざる者は最も手厳しい批判者だが、幕末から維新にかけての修羅場を何度もくぐり抜けてきた海舟にしてみれば、火の粉をかぶったことのない福沢ごときが何をぬかすか、天下の大事を為さんとする者の心構えは、口舌の徒の福沢なんぞには皆目わかるまい、という強い思いがこの言葉にはこめられている。

孤独になれる能力、それが人間の幸福をきめるのだ

（ロビンソン・クルーソー）

中学生の頃、父が買ってくれた『ロビンソン漂流記』を読んで、その面白さにすっかり興奮し、本の表紙がぼろぼろになるまで夢中でページを繰ったことを覚えている。無人島だから人食い人種もいるかもしれないし、猛獣も襲ってくるかもしれない。いったいどうやって食べものを探し、落ち着いて休むことができるのか。こども心にどれだけハラハラドキドキしながら読んだことか。もし無人島でひとりになったら、自分ならどうするだろうと想像は果てしなく広がっていった。

ロビンソン・クルーソーの父は貿易でひともうけしてから商売をやめ、イギリスのヨーク市に住み着き、その町出身の母と結婚した。ロビンソンはその三男坊として生れ、なにひとつ不自由ない生活を送っていた。しかし、彼には早くから放浪癖があり、父は現在の中位の身分がいかに幸福な人生を保証するものであるかを諄々《じゅんじゅん》と説き聞かせるが、息子はそれを無視して家を飛び出す。

最初は船乗りになって嵐に遭遇、次はアフリカ沿岸行きの船に乗りこんでその航海で大儲け、ちょっとした貿易商人となるのだが、こんどはムーア人の海賊に捕って奴隷に。そこでやはり奴隷になっていた少年を連れて脱出。助けられたポルトガルの船でブラジルへ行き、農場経営に成功する。だがそこからさらに奴隷を求めてアフリカに行く途中、船が難破して絶海の無人島にただひとり取り残される。時に二十七歳だった。

持ち物といえば、ナイフ、タバコ、パイプだけだったが、その後沖合に座礁していた船から運よく鋸《のこぎり》、若干の寝具、衣類、釘、手斧、マスケット銃と火薬、散弾、さらにペンとインク、コンパス、日時計、遠眼鏡、海図、聖書などを運び出すことができた。彼はこの絶海の島で、聖書を読み、神としばしば対話し、日記をつけ、犬、猫、オウムを飼うことで、かろうじて不安と絶望の気持ちをまぎらわせる。狩りと穀物の栽培、野生のヤギを飼い馴して食料を確保する。そのような原始人的生活を十五年ほど続けたある日、彼は海辺に人の足跡を見つけて驚愕する。孤独を恐れていたにもかかわらず、彼は恐怖にうち震える。

それからまた十年後、こんどは「蛮人」たちが何人かの捕虜を連れてこの島に姿を現わす。ロビンソンは彼らを銃などで追い払い、捕虜の一人を助けてフライデーと命名。以後フライデーは彼の忠実な下僕となる。

再び「蛮人」が上陸してきたとき、二人は協力して敵を倒し、フライデーの父親とスペイン人の捕虜を救出。また乗組員の反乱にあって、この島に連行されてきた英国人の船長らを救い、とり戻した船で一六八七年に故国に帰るために島をあとにする。漂着してから実に二十八年二ヵ月十九日の歳月が流れていた。

故国で裕福な老後の生活を保証される中で、彼は家庭を持つが、妻の死後、再び例の放浪癖が頭をもたげ、あの孤島に戻って新たな冒険を始めることになる。

彼の孤島での暮しは、何万年にもわたる人類史の実証的試みといってもいいが、ロビンソン自身は、無人島の生活から自分が得たものは、孤独になれる能力、そして魂を内面へ向わせる努力、それが人間の幸福をきめるのだといっている。

人を挙ぐるには、すべからく退を好むものを挙ぐべし

張詠

中国・宋の時代の賢臣といわれた張詠の言葉で、大意は、人を採用しポストに就けるなら、身を退くことをわきまえた人物を推せば間違いないということ。常に引きぎわを考えている人物は心がきれいで、恥を知っているから、誠心誠意つとめ、その職責をけがすようなことはまずないといっていい。しかし、出世して権力に近づこうと人を押しのけて狂

奔する輩は、決して採用してはならない。そういう人物は、正道をまげて上に媚びへつらい、とかく目立つことを求めたがる。そして一旦採用されると必ず才をほこり、私腹をこやし、周囲全部に弊害を及ぼすことになる。

ここにいわれていることと、全く正反対の人事が行われているのが、最近の日本の政治ではないか。トップの顔色を忖度《そんたく》し、更なる権力のポストに意欲を燃やす人物を、法を枉《ま》げ定年を延長してまで、政権の用心棒にしようと目論んだり、不倫で散々週刊誌に叩かれている男にまだコロナ対策までやらせるとは。

かつて東芝相談役だった土光敏夫さんから「大臣でも、社長でも、なりたい、なりたいという奴をそんなポストにつけるからダメなんだ」と聞かされたことがあったが、人間の出来・不出来が最も端的にあらわれるのはまさに出処進退である。

わたくしごとになるが、『宋名臣言行録』にあるこの言葉を知る以前から、実はその言葉を実践してきた。熊本県知事二期八年が終る前、わたしは「権不十年」——つまり権力は十年たてば腐ってくるもので、大きな権力を持つ知事の職を、これ以上長く続けるのはよくない、ここで退陣すると表明した。支持率も高く、三選は既定路線と受けとめられていただけに、周囲を驚かせた。

総理を退任したときも「この政権の四つの大きな公約――歴史認識をはじめて明確に語ったこと、五五年体制をぶち壊して三十八年ぶりに自民党の一党支配を終わらせたこと、コメの開放と政治改革にも区切りをつけた。政権は長きをもって貴しとせず」といって、家族や側近たちにも前触れせず、突然退陣を表明した。「投げ出した」とその都度いわれたが、辞めるときに人に相談すれば、「辞めるな」と慰留されるにきまっている。だから、進退、とりわけ「退」については自分ひとりで決断するしかないのだ。

進退という点について、わたしが最も信頼していたのは首相特別補佐をお願いしていた田中秀征《しゅうせい》氏だった。政治改革法案が成立した直後の一九九四年一月三十一日、彼はわたしのところにやってきて、「この内閣の特命としてやってきた法案が成立したので、当初の約束通り辞めさせてもらう」と。首班を受ける前、ふたりでそんなことを話していたこともあるし、なによりもかねてからのわたしの信条として「政権は長きをもって貴しとせず」という強い思いをずっと持っていたから、彼の思いはすっと胸に落ちた。慰留しても翻意するような軽い人物でないことは、よくわかっていたので、それまでの労に深謝しながら、またけじめの美学を実践できる彼の立場を羨ましく思いつつ、黙って辞意を胸の裡にしまった。

人間は負けたら終わりなのではない。やめたら終わりなのだ

リチャード・ニクソン

中学高校生の頃、頼山陽《らいさんよう》の「述懐」という詩を読んで感激し、鼓舞された。

十有三春秋　　十有三春秋
逝者已如水　　逝く者は已《すで》に水の如し
天地無始終　　天地始終無く
人生有生死　　人生生死有り

安得類古人
千載列青史

安《いず》くんぞ古人《こじん》に類して
千載青史《せんざいせいし》に列するを得ん

頼山陽がまだわずか十三歳のときに書いた詩だが、限られた人生の中で、自分も昔の偉人たちのように、千年後の歴史に名を連ねるようなそんな人物になりたいものだと昂ぶる気持ちを吐露している。わたしもこの詩に大いに触発され、人や国のためになることをしようと奮い立ったものだ。

その頃読んだ内村鑑三の『後世への最大遺物・デンマルク国の話』（岩波文庫）にも感動した。「後世への最大遺物」の中で、内村は『フランス革命史』を書いたカーライルのことを取上げ、それを書きあげるまでのカーライルの不撓不屈《ふとうふくつ》の精神を、これこそ後世への最大の遺物であると讃《たた》えている。

内村はいう。人間は誰しもが売れる小説が書けるようにはなれない。誰もがすぐれた思想家や革命家になることもできない。大金持になったり、大事業家になって世の中に貢献するようなことも誰にでもできることではない。しかし、ここにひとつだけ誰にでも後世に遺すことのできる大きな贈り物がある。それは、「勇ましい高尚なる生涯」で、そこにカーライルのエピソードがでてくるのだ。カーライルのその『革命史』は、彼にとってはまさに心血を注いだ生涯をかけての仕事だった。数十年かかってようやく自分の望みどおりの原稿ができ、それを清書してあとは出版を待つばかりというある日、訪ねてきた友人がカーライルの話を聞いて是非読んでみたいからその原稿を一晩貸してもらいたいといってそれを持ち帰った。そこにまた友人の友人がやってきて「これは面白い。今晩ぜひ自分にも読ませてくれ」といって持って帰った。暁《あ》け方まで読んだところで、その原稿を机の上に置いて床に就いた。朝、彼が起きる前にやってきたお手伝いさんが、ストーブに火をたきつけるのにちょうどいいものがあったということで、それを丸めてストーブにくべてしまった。

それを聞いたとき、カーライルは崩れ落ちんばかりで、十日間ほどなにも手につかなかったというが、その時、天の声が聞こえた。「カーライルよ。いまの汝にとっていちばん貴いことは、汝がこの困難を耐え忍んで、そうして再び筆をとってそれを書き直すことである。それが汝の真価を問われるところだ。こんなことぐらいで失望するような人間が書いた『革命史』などなんの価値もない。もう一度失望のドン底から立ち上って書き直せ」と。

そこで彼はふたたび筆をとって書きはじめた。そのときのカーライルの心中は察するに余りあるものだが、ついに彼はそれをやり遂げ、カーライルはかくしてその『革命史』という素晴らしい本のためというよりも、火で焼かれたものを再び勇気を揮って書き直したというそのことによって、つまり「勇ましい高尚なる生涯」という生き方を後世への最大の贈り物として遺した人物として歴史に名を残すこととなった。

人生に挫折はつきものだ。アメリカの大統領だったリチャード・ニクソンは四十歳でアイゼンハウアー大統領の副大統領になり、四十七歳のとき、ケネディと大統領選を闘って敗れる。その二年後カリフォルニアの知事選に立候補して敗北、もう政治生命は終わりかと思われたが、その挫折から這い上って五十六歳で、ついに大統領に上りつめる。しかし、六十一歳の時、ウォーターゲート事件で、弾劾決議が議会に上程され辞任。引退後は各国首脳との交流などを生かして洞察力に富んだ提言などを行い、米国でもニクソン再評価の声が高くなっている。まさに天と地を行き交う波乱に満ちた人生だった。

そのニクソンの言葉でわたしの心に残っている言葉を最後に掲げる。

「人間は負けたら終わりなのではない。やめたら終わりなのだ」

註

頼山陽（一七八一〜一八三二）　儒学者。歴史書『日本外史』は、多くの人々に読まれ幕末の思想運動に影響を与えた。

情について

雲月（2020）

政を為すの著眼《ちゃくがん》は、情の一字に在り

佐藤一斎

夏目漱石の『草枕』に、「智に働けば角が立つ。情に棹《さお》させば流される」とあるが、古来、政治・経済に限らず、どんな分野でも、リーダーの資質として第一に肚《はら》においておくべきことは、「情」の一字だと多くの先賢が説いている。

江戸時代の儒者佐《さ》藤《とう》一斎《いっさい》は『言志晩録』の中で、「政を為すの著眼は、情の一字に在り。情に循《したが》って以て情を治む。之を王道と謂う」と述べている。一斎に心酔していた西郷南洲（隆盛）は、一斎の『言志晩録』を含む『言志四録』から自分が肝に銘じておくべきだと考えた百一条を抜き書きして、『西郷南洲手抄言志録』を作った。

西郷は情の勝った人で、西郷を師と仰ぐ多勢の若い人たちが、明治維新政府に抗して決起したとき、彼は躊躇《ちゅうちょ》なく自己の生命、名誉など一切を彼らのために投げ出した。維新革命が西郷の理想に反するものになっていくのを見た西郷の苦渋の決断でもあった。結局、城山で憤死するに至ったが、わずかな希望を若者に託しつつ彼らと行動を共にしたというのが真相だったと思われる。

西郷は「情を治める」ことはかなわず、情に殉じたといっていいが、多くの識見ある人々が維新の元勲とされる大久保利通や大隈重信、伊藤博文らの品格に欠ける生活態度に眉をひそめたのに対し、西郷という人物の評価が時の経過とともにますます見直されているのは、けだし当然という思いがする。

『西郷南洲手抄言志録』の三条は、「唐虞《とうぐ》の治《ち》、只是《ただこ》れ情の一字なり」と記している。唐と虞は、中国古代の堯《ぎょう》と舜《しゅん》という二人の伝説の帝王のことで、唐虞の治とは、名君によって行われる理想的な仁の政治、つまり民に対する温かい思いやりのある政治のことだ。

両者とも帝位にある時は、身を治めることに大変厳しく、丸太小屋同然の家で執務し、その生活は実に質素そのものだったとされる。多くの賢徳のある人材を登用して善政を敷いたので、孔子もそれを讃えている。

堯の時代の数十年、平和な日々が続いたが、天下が本当にうまく治まっているか、自分が天子で国民は満足しているか、それを確かめるために堯帝はある日、目立たぬように変装して街に出てみた。すると子供たちが、堯を賛美する歌を歌っている。これを聞いた堯は、子供たちは大人に歌わされているのではないかと疑って真に受けずさらにいくと、年老いた百姓が腹つづみをうち、足で地面を踏んでリズムをとりながら太平の世を謳歌《おうか》する歌を歌っていた。歌に曰《いわ》く、「日の出とともに働きに出、日の入りとともに家に帰る。水を飲みたければ井戸を掘って飲み、飯を食いたければ田畑を耕して食う。帝の力なんて自分には関《かかわ》りのないことよ」と。

この歌を聞いて、堯は世の中が平和に治まっていることを覚ったという。

『十八史略』にある「鼓腹撃壌《こふくげきじょう》」の故事だが、これを読むと、政治は要するに情の一字だということを改めて思わずにいられない。

註

佐藤一斎（一七七二〜一八五九）江戸時代後期を代表する儒学者。『言志四録』は千百三十三条からなる彼の語録四冊の総称。

正道を踏み、国を以て斃《たお》るるの精神なくば、外国交際は全かるべからず

西郷南洲

正道を踏み、国を以て斃るるの精神なくば、外国交際は全かるべからず。彼の強大に畏縮し、円滑を主として、曲《ま》げて彼の意に順従する時は、軽侮を招き、好親却て破れ、終《つい》に彼の制を受くるに至らん。

日本が外国から辱《はずかしめ》を受けたなら、たとい国が斃れようとも正道を踏み義を尽くして、これに抗し、敢然として起って戦え——これは『南洲遺訓』の中で西郷が繰り返し訴えているところだ。

わたしは中学生の頃から、内外の政治指導者の本を読みふけってきたが、中でも英国首相だったウィンストン・チャーチルや、仏大統領だったシャルル・ドゴールには強く惹かれてきた。たまたま最近映画でチャーチルの「ダーケスト・アワー（邦題：ウィンストン・チャーチル／ヒトラーから世界を救った男）」を観て、南洲翁の言葉を改めて噛みしめた。

第二次世界大戦の末期、ナチスの圧倒的な侵攻の前に、大陸諸国は次々と領土を奪われ、イギリスも追い詰められていく。そういう中で首相に選出されたチャーチルは、外からの攻撃だけでなく、内からもドイツとの宥和を唱えるチェンバレンらの強い抵抗に逢う。

　そんなとき、チャーチルは下院での首相就任演説でこういった。

「私は、血と労苦と涙そして汗以外のなにも提供するものはない。我々は目前にかつてない重大な苦難を抱えている。我々の目前には数ヵ月もの長い努力と苦痛が沢山《たくさん》待ちかまえている。諸君は『我々の方針は何か』と問うだろう。私は答える。陸海空において神が我々に与えた全ての力を用いて戦うことだ。今までかつてない、人類の犯罪史にさえない、途方もない暴政に対して戦うことだ。これが我々の方針だ。諸君は『我々の目標は何か』と問うだろう。私は一言で答えられる、『勝利だ』と。どのような犠牲を払おうとも勝つこと、どのような悲劇が待ち受けようとも勝つこと。どれほどその道が長く険しかろうとも。勝利なくして生き残ることはない」

　そしてまた「我々はいかなる犠牲を払おうとも、我々の島を守る。我々は海岸で戦い、水際で戦い、野原で戦い、街頭と丘で戦う。我々は決して降伏しない」。

　こんな言葉も吐いている。

「決して屈するな。決して、決して、決して！」「勇気がなければ、他のすべての資質は意味をなさない」と。

軍人であったドゴールもまた第二次大戦でドイツの侵攻を受けると、徹底抗戦を主張した。しかし、その献策は容れられずにフランスは敗北、彼自身はロンドンに亡命することとなる。ドゴールは、イギリスで国内に向けてレジスタンスを呼びかけ、一九四四年に連合軍がパリを解放したのちに帰還し、臨時政府の首班となった。

第二次大戦後も引き続き政府を率いたが、共産党などと対立して辞任するなど安定的とはいえない政権運営を行った。一九五八年、フランスの植民地アルジェリアの独立をめぐって国内対立が深まる中で、首相に復帰、さらには、憲法改正を実現させて第五共和政を樹立し、自ら初代大統領となった。アルジェリア独立を承認して、懸案を解決したが、六八年、長期政権に対する学生反乱などで支持を失い、翌年辞任した。

彼の人生はまさに波瀾万丈、どれほどの絶望から立ち上ったことか。第一次大戦中には捕虜として拘禁されていたドイツ軍の収容所から脱走を試みること六回、その全てが失敗だった。イギリスからのレジスタンス活動の指揮により、ナチス影響下のフランスからは反逆者として死刑判決も言い渡された。戦後もアルジェリア独立を承認したことで極右組織ＯＡＳから命を狙われ、ある時は彼の乗った車が百五十発の銃弾を浴びたが、まるで他人事のように平静だったという。

彼もチャーチルと同じように、強い言葉を残している。「フランスは戦闘には負けたが、戦争に負けたわけではない」「剣は折れた。だが私は折れた剣の端を握ってあくまで戦うつもりだ」と。

最後に新島襄《にいじまじょう》の言葉を。

男子たるものは、一度戦って負けてもやめてはならない。
二度目、三度目の戦いのあとでもやめてはならない。
刀折れ矢尽きてもなお、やめてはならない。
骨が砕け、最後の血の一滴まで流して、初めてやめるのだ。

註

新島襄（一八四三〜一八九〇）　安中藩士の子として生まれ、若くしてアメリカに密航する。同地でキリスト教を学び、帰国後、同志社英学校（現、同志社大学）を創設する。

精神を充満すれば、閑雲に高臥するも天下を支配する

（細川頼之）

足利初代の尊氏を擁して、四国、畿内に連戦し、その後幕府管領として十二年、足利政権の初期を担った宰相だった細川頼之は、京都・洛西の竹林で有名な地蔵院にお墓があり、わたしもかねてよく訪れている。

『太平記』などに記されている頼之は、権謀術数盛んなりし下剋上の真只中にあって、そうした生き方には背を向けていたようで、権勢をほしいままにしうる地位にありながら、再三、辞意を表明。しかし、周囲がそれを許さなかった。

頼之はよほど人に好かれたようで、室町幕府の幕臣や地方の豪族は、頼之の人をいたわる温かい人柄を慕い、それが足利政権を日本全域に根付かせる上で大いに貢献したと後に勝海舟なども述べている。『新千載和歌集』にも歌が載っているほどで、武人でありながら、和歌を愛好する文人でもあった。

頼之は、その「海南行」という詩で、

人生五十愧無功　　人生五十功無きを愧《は》ず
花木春過夏已中　　花木春過ぎて夏已《すで》に中ばなり
満室蒼蠅掃難尽　　満室の蒼蠅《そうよう》掃えども尽くし難し
起尋禅榻臥清風　　起って禅榻《ぜんとう》を尋ねて清風に臥せん

とうたっている。幕府の枢要な地位にあり続けて十余年、政敵の青蠅どもはいくら追い払ってもまたしつこく攻撃してくるが、しばらくは閑雲に高臥して爽やかな風にでも吹かれていたいということだ。政争に敗れて四国の弟・頼有のところに一時身を潜めたが、やがてまた管領として返り咲き、南北朝合体などに力を尽した。

閑雲に高臥するといえば、内村鑑三の『代表的日本人』の中にある中江藤樹と熊沢蕃山《ばんざん》の出会いのエピソード（後述）もわたしの好きな話だ。

近江《おうみ》聖人といわれた中江藤樹は数人の弟子しかもたぬ田舎学者だったが、今に例えるならば立派な学校、いれものがなければ立派な教育が出来ないなどとはいわなかったし、自分が文科大臣にならなければといって誰かと文科大臣の椅子を争ったこともない。琵琶湖の西岸近江の片田舎でその時代の学風を支配した。

上杉鷹山《ようざん》も東北の片田舎、いまの知事が治めている地域よりもはるかに小さな領地を治めていたにすぎないが、その政治は日本全体の政道に深い感化を与えた。

このことからいえることは、精神充満すれば、閑雲に高臥するも天下を支配し、其の地位に登るも、徳がなければ恥を天下にさらすことになるということだ。現代に生きる我々は、とかく感化を他に及ぼそうとして、太鼓を叩き、笛を鳴らし、テレビやマスコミで、大騒ぎして宣伝することばかり考えるが、真の感化とはなにか、深く頼之や鷹山、藤樹の生き方に学ばねばならない。

君子無くんば以て治るなし

孟子

徳のある治政者は民の父母なりという理想は、徳川時代諸侯の篤く奉ずる所で、ある地方に明君が出て善政を敷くと、ほかの地方でも有能なる君主が立ち上がって「堯舜《ぎょうしゅん》の治」（仁政）を自国において実現しようと努めることになった。

しかし、維新以後の日本が、往古の政治を復活させることは当然のことながら不可能であり、明治の日本が欧米の制度にならって、近代国家を組織したことは自然の流れであった。

ただそこで問題となったのは、頼朝以来武士に備わっていた例えば武士道に象徴される為政者としての人格的修養を、政治を担うものが残念ながらなくしてしまったことである。「民は由らしむべし知らしむべからず」という言葉は、往々にして非難されるべき専制主義的な物言いだといわれるが、わたしはそれはむしろ政治における人格主義を称揚する言葉だと受けとめている。つまり国民から充分な信頼を受けるに足るだけの徳を備えた人物がその位にあるならば「由らしむべし」というのは誠にすばらしいことで、そういう信頼感を国民に与えることが政治の第一義であることを教えたものだと思う。だからそう考えると「君子無くんば以て治るなし」という孟子の言葉は、少なくとも東洋においては千古不磨の政治的真理であるといっていい。

旧幕の時代には、独り上杉鷹山といわず、保科正之、細川重賢《しげかた》、松平楽翁（定信）など名君といわれた諸侯、みな堯舜の治道を理想としないものはなかった。

幕藩体制下の行政改革のモデルとなった細川重賢の「宝暦の改革」の少し後に、彼を手本ともして率先垂範、米沢藩の改革に取組んだのが、上杉家九代藩主治憲《はるのり》（鷹山）だ。米沢藩は転封や継嗣問題のために、百二十万石だった石高が十五万石まで激減し、鷹山襲封の当時は借金地獄のなかで領地を幕府に返上することも議論される異常事態だった。武士はもちろん、農民の生活は悲惨を極めていた。

九州の小大名秋月家から養子となって藩を継いだ若き鷹山は、春日大明神に誓詞を奉納して米沢藩の再建を誓う。そこには「民の父母」ということを第一の心構えとするとあり、また「上に居りて驕《おご》らざれば則ち危ふからず」と記している。

鷹山がまっ先に着手したのは、大倹令を発し、自ら徹底した倹約を実行することだった。その節約ぶりは、藩主の身の回りの支出を従来の七分の一に削減するというほどのもので、日常の食事は一汁一菜、着るものは木綿に限った。もちろん出費を抑えるという消極策ばかりでなく、農業の整備、水路の開鑿《かいさく》、織物などの特産品による殖産興業、藩校の設立、公娼の廃止などその施策は経済活動から教育、徳義の普及にまで多岐にわたったが、旧習に泥《なず》む藩士や民衆の強い抵抗に加え、折からの相次ぐ冷害、干害などにも災いされ、ほとんどの改革案が多くの試行錯誤で長い歳月を要する大事業とならざるを得なかった。改革が実を結び、藩が物心ともに危機を脱する目処がついたのは、ようやく鷹山晩年のことだ。弱冠十七歳で家督を継いで以来、じつに五十五年間、彼は倦むことなく「大倹」を自らに課し続け、誓いどおりに驕らぬ生涯を送った。

　鷹山が亡くなったとき、人々は自分の祖父母を失ったかのように泣いた。葬儀の日には、何万人もの会葬者が路にあふれ、嘆き悲しんだ。山川草木もこぞってこれに和したと伝えられる。

註

細川重賢（一七二一～一七八五）　熊本藩主。新田開発や藩校時習館を作るなどその後の改革の手本となる藩政を行った。

参考文献

内村鑑三（鈴木範久訳）『代表的日本人』岩波文庫

幕が下りたあとまで喝采を望む者はバカだ　（孫子）

出処進退こそ、その人物をみる一番のメルクマールだが、中国人の処世哲学のひとつに「功成り名遂げて、身退くは天の道なり」というのがある。老子の思想が基礎となったものだ。

秦の昭襄王《しょうじょうおう》の近くに仕えていた宰相の范雎《はんしょ》が王の不興をこうむり、とどまるべきか、去るべきかを悩んでいた時、燕《えん》の蔡沢《さいたく》がこう忠告した。

「春きたれば、万物芽ぐみ花咲く。夏きたれば、万物、生々潑剌《はつらつ》として繁茂する。秋は万物みのりを結び、冬は万物自ら蔵して冬眠に入る。春、夏、秋、冬の四時は、おのおのその功を成し遂げると、順序よく移り変ってゆくものです。あなたも功成り名遂げられたのですから、潔く後進に道を譲られるが良いと思います」と。

兵法家の孫子が引退して田舎に引っ込み、余生を楽しんでいるところへ帝王の使者がきて、再び表舞台へひっぱりだそうとしたとき、孫子はきっぱりとこう言った。

「人の世のふれ合いには微妙なものがあります。ある時期には大変有能で、大いに役に立つ人物でも、その時期が過ぎれば、もう用をなさないこともあります。四季の衣服みたいなもので、春には春衣、夏には葛衣、秋には秋衣、冬には裘《かわごろも》と、その季節、季節にそれに合ったものが必要です。いかに高価で美しくても、夏の裘は困ります。

ところが、四季は年々めぐってきても人の世は循環しません。わたしは世間を忘れたいし、世間からも忘れられたいのです。人間として生まれた以上、命のある限りは生きていかねばなりませんが、今のわたしは、できるだけ世間との接触面を小さくして、自らの生をつなぐだけの接触に限りたいと思います」と。

まさに「四時の序、功を成すものは去る」を体現した言葉だ。

古代ローマが外敵に攻めこまれ全滅の危機にさらされたとき、元老院はこの危機を救いうる人物はティベリス川の彼方で農業をしているキンキナトゥスしかいないとの結論に達し、彼を臨時独裁官に任命して全軍の指揮権を与えた。彼はそれより前、執政官の職にあって、元老院の無気力を叱咤した英傑であり、元老院はそうした彼の人格識見を見込んでのことだったと思われるが、正式な使者がきたとき、彼は畑で作業中で、妻のラキリアは夫のトーガ（ローマ時代の正式な服装）をとりに家に走った。

彼はその期待に応えて敵を撃破、ローマは彼の働きで救われた。それを果たした後、キンキナトゥスは、六カ月の任期をわずか十六日で返上して、ふたたびもとの農民に戻ったというのである。

これは古代ローマ人の剛毅さと美徳をあらわす話として、ローマ伝説になり、今も史書に伝えられている。祖国を救うために敢然として任務を引受け、それをみごとに果たしたのみならず、自分の名誉や利得のためにしたのではないとして、任務を果たすとさっさと元の農民に戻ったその進退は、誠に見事で胸のすく行動だ。権力のポストにある者にはこれぐらいのけれん味のない進退こそいちばん望まれるものだとわたしは思っている。

幕が下りたあとまで、いつまでもポスト・権力にしがみついて喝采を望む者はバカだとしかいいようがない。

教養について

葡萄図（2020）

もし無人島に配流の身になったらどんな書物を携えていくか

（ラファエル・フォン・ケーベル）

夏目漱石もその著書で賛嘆を惜しまなかったラファエル・フォン・ケーベル博士は、その随筆の中で、もし自分が無人島に配流の身になったらどんな書物を携えていくかという想定のもとに興味ある一文を綴っている（『ケーベル博士随筆集』岩波文庫）。博士はそこで、

「この選択は勿論どれだけ長く無人島に住むかによって変ってくるが、かりに一年間とすると、まず第一に『聖書』とトーマス・ア・ケンピスの「キリストにならいて」とを旅行鞄の中に入れるだろう。それに次いではゲーテの「ファウスト」、ホメーロス、リュッケルトの「婆羅門の智慧」、「ドン・キホーテ」、ニーチェのもの二、三冊とハイドンおよびベートーヴェンの弦楽四重奏の小判の総譜本を。それだけあれば、私は一年間を——なおそれ以上も——過すに充分なるのみならず、「世間」が恋しくなるようなことは少しもなかろうと思う。否、私は自から進んでこうした流竄《りゅうざん》の身となりたいほどである」

と記している。

ケーベル博士は哲学者であると同時に音楽家であり、カールスルーエ音楽大学で美学な

どを教え、一八九三年から二十一年間、東大で西洋哲学を講じ、その教養と人格で学生たちに多大な影響を与えた。

わたしはいま、ケーベル博士のいう「流竄の身」というわけにはいかないが、これから数年間、これはというわたしにとって大事な本を抱えこんで、家に閉じこもることにするとしたら、いったいどんな本を選ぶだろう。その選択はなかなか難しいが、しかしこれは考えるだけでもまことに楽しいことだし、また大変意味のあることだと思う。

読書については古来多くの人がいろいろな意見を開陳しているが、その中でも洗練された教養人であるカール・ヒルティのものは、一読に値する。彼がいっているのはこういうことだ。

第一は、毎日例外なく一定の時間、半時間でもいいから読書をする習慣をつける。それを二十年も続けたら、二十年後にはその人は間違いなくその国の学識者のひとりとなるだろう。第二は、無用のものを一切読まないということである。さらに悪いものは絶対に読んではならない。悪いものを読むと、人間の持っているよい精神がだんだん死滅していく。第三は、よいものを正しく読み、それをたびたび繰り返すということである、と。そして結論として、読書とその結果としての知識をあまり高く評価してはならず、読書の主眼と読書のもたらす主なめぐみは、知識ではなく行為であることを説いている。

　ヒルティは多読を勧めているが、これは若い人への忠告ととってよいだろう。

　孔孟の時代はもとより、わが国でも明治のころまでは、書物を手に入れること自体が容易なことではなく、そういうなかで多くの古人があれだけの高い教養を身につけていたことを思うと、欲しい本がいくらでも手に入る現代に生きる我々の教養のなんと浅薄なことか。良寛さんなどもずいぶんと古典に親しんだはずだが、その流浪の時代のみすぼらしい小屋に宿を借りた旅人が見たのは、木仏ひとつと経机の上の『荘子』の写本二冊だけだったという。

　そうした古人のことに思いを馳せ、また自分の生きられる時間のことを併せて考えると、少数の本とじっくりつきあうような読書法が自分にはふさわしいのではないかと思う。数千冊の書物を整理するのは大仕事だが、結局、身の回りにこれから置いておく本は、どんなに多くても百冊ぐらいに絞り込むべきだと最近はそう考えている。

註

ラファエル・フォン・ケーベル（一八四八～一九二三）　ロシアの哲学者、音楽家。東京帝大、東京音楽学校（現・東京藝術大学）で教鞭をとった。

教養とは思いやり

（孔子）

電車の中で乗ってきたお年寄りに、さりげなくスッと立って席をゆずる、そんな若い人を見たりしたときはなんとも嬉しくなる。こういう心遣い、デリカシーは明治の中頃、来日して日本の文化や日本人の生活態度にふれたラフカディオ・ハーン（小泉八雲）やケーベル、モース、モラエスなどが一様に日本人の美徳として賛美を惜しまなかったものだ。

「夫子《ふうし》の道は忠恕《ちゅうじょ》のみ」――『論語』里仁篇の有名な章句である。「忠」とはまごころ、「恕」とは思いやりのことで、これが孔子の道を貫く原理で、人の身になってものを考え、人のことをわが身のこととして思えということだ。

孔子があるとき門人たちと語っていた時に出た言葉で、そこには後に曾子《そうし》として尊敬された曾参《そうしん》がいた。曾参は孔子より四十六歳も若かったが、門人の中でも温厚篤実をもって聞え、「われ日に三たびわが身を省《かえり》みる云々」と平生の心がけを語ったことで知られる人だ。孔子はその曾参に、自分の道を貫くものは一つだといった。曾参は「ハイ」と答えた。孔子がその場を離れた後、ほかの門人たちが、先生のいわれたのはどういう意味かと曾参に尋ねた。それに対する彼の答えが「夫子の道は忠恕のみ」。要するに大事なことは、他人のことをいつも思いやって、他人の身になって考える、つまり「思いやり」ということだといわれましたと。

曹洞禅の開祖道元も、死を迎えたとき、優秀な弟子の義介《ぎかい》に、「お前には何一つそつはないが、老婆心だけが足りない。これからもそのことを心がけよ」といったといわれるが、真心を尽くす、思いやることは人に対してだけではない。学問でもこれぐらいにしておこうというのが最もいけない、と諭したのだ。

思いやりというと真っ先に思い浮かぶのはあの良寛さんのことである。彼は一生を乞食《こつじき》雲水《うんすい》の境涯に終始したが、彼が慈顔を見せるところ、おのずから人を感化した。

道を談じたり、法を説いたりすることをひどく嫌った良寛は、道元禅師の愛語の條を愛誦し、座右としていたという。「愛語というのは、ひとびとに接するとき、まず慈愛の心を起し、慈愛の言葉をかけることだ」と。

こんな話も伝わっている。良寛の生家の相続人で良寛の甥馬之助が放蕩三昧であったため、その母親が良寛のところになんとか諭してほしいと泣きついてきた。良寛は三日三晩逗留したが、いっこうにお説教をしない。とうとうそのままいとまを告げることになった。その発ち際に良寛は馬之助を呼んで、「すまぬがわらじの紐を結んでたもれ」といった。母親はきっとここで訓戒して下さるのだろうと大いに期待して、衝立《ついたて》のかげから様子を窺っていた。

一方、馬之助は馬之助で、今日に限って妙なことを仰せられると思いながらいわれる通り、わらじの紐を結んでさしあげた。すると、その襟もとに冷たいものがポトリ。馬之助がびっくりして見上げると、良寛が目をしばたいて見つめている。馬之助はハッと感じ入った。良寛はそのまま立ち去った。『良寛禅師奇話』の著者である解良《けら》栄重《よししげ》は、そんな良寛の風格を「ただ道義の人を化するのみ」と記している。ほんとうの教養とは思いやりだと改めて思う。

註

エドワード・モース（一八三八〜一九二五）アメリカの動物学者。大森貝塚を発見したことで知られる。

ヴェンセスラウ・モラエス（一八五四〜一九二九）ポルトガルの外交官、著述家。日本の紹介者として知られ、晩年は徳島に暮らした。

参考文献

吉野秀雄『良寛』アートデイズ

予《われ》明徳を懐ふ、声と色とを大にせず

『詩経』

西暦一六〇八年、琵琶湖の西岸近江（滋賀県）の地に、高徳にして進歩的な思想家・教育者である中江藤樹は生を享けた。十一歳のとき、早くも儒学の『大学』にある「人の第一の目的とすべきは生活を正すことにある」という言葉に触発され、自から聖人たらんとする大志を立てた。学識のある僧侶の下で、漢詩や書道を習うとともに、『四書大全』などを食い入るように読んで勉強した。

藤樹にとっては謙譲・謙遜こそ徳の中の最高のものであり、それに徹することこそが彼の念願だった。藤樹は幼いころから青年になるまで、両親の住む近江から遠く離れた四国で、もっぱら祖父母の手で育てられたが、二十二歳のとき、やさしい祖父母は世を去り、父も亡くなった。藤樹の唯一の気がかりは、近江に残した母のことで、彼は母に孝養を尽くすため、職を奉じていた伊予（愛媛県）大洲藩を脱藩して故郷の近江に帰り、そこで質素で静かな生活を続けながら、慕いくる人たちに道を説いた。藤樹は「積善」について次のようにいっている。

> 人はだれでも悪名を嫌い、名声を好む。小善が積もらなければ名はあらわれないが、小人は小善のことを考えない。だが君子は、日々自分に訪れる小善をゆるがせにしない。大善も出会えば行う。ただ求めようとしないだけである。大善は少なく小善は多

い。大善は名声をもたらすが小善は徳をもたらす。世の人は、名を好むために大善を求める。しかしながら名のためになされるならば、いかなる大善も小さくなる。君子は多くの小善から徳をもたらす。実に徳にまさる善事はない。徳はあらゆる大善の源である。（内村鑑三『代表的日本人』）

また、「徳を持つことを望むなら、毎日善をしなければならない。一善をすると一悪が去る」とも。

陰徳を冥々《めいめい》の中に積むべしというその教えが近隣の村人たちに染み通っていた有様は、こんなエピソードとして伝えられている。

二百両の大金を預かって京に上っていた加賀（石川県）の飛脚が近江のとある市で馬を雇った。馬方が飛脚を宿に送って家に帰り、鞍を解くと、鞍の下から大金が出てきたので、先の客が忘れたものだと気づき、急ぎ戻って返すと、飛脚は「自分の一命のみならず、親兄弟までも重罪になるところだった」と涙を流して喜び、十五両の礼金を差し出した。ところが馬方は受け取らない。では十両だけというが、そのまま帰ろうとする。ならば五両、せめて三両と段々に減らし、ついには二百文だけを往復の駄賃として出すと、馬方はようやく受け取り、その金で酒を買って宿の人にも振る舞い自分も飲んで帰るという。飛脚は感に堪えかねて、貴方はいかなる人かと問うと、自分は名乗るような者ではないが、在所の近くに小川村というところがあり、そこの与右衛門（藤樹）という方の日頃の教えを実践しているまでだといった。岡山藩の儒者熊沢蕃山が藤樹に弟子入りを願い出たのは、この話を聞いたのがきっかけだったという。

明治時代、押し寄せる西欧文明の波濤のなかで、日本のよき伝統を欧米に訴えた内村鑑三も同種の話を紹介しつつ昔の日本の教育について触れ、「生計の資を獲んがため」の教育、「僅かの歳月の間にあらゆる種類の知識」を詰め込む近代の教育を厳しく批判している。彼はまた藤樹を「村落教師」と表現し、出世も栄華も求めない「内なる人」の藤樹が実践した生き方、教え方に理想的な教師と教育のあり方をみている。それは「太鼓を叩き喇叭《らっぱ》を鳴らして」他人に感化をおよぼそうとするものではなく、「薔薇がその香りを意識しない」のと同じように自己の感化を意識するものでもなかった、と評している。

参考文献

内村鑑三（鈴木範久訳）『代表的日本人』岩波文庫

学問とは古聖人の道を稽古することなり

上杉鷹山

わたしは、三歳の時に母が亡くなり、父も忙しく過ごしていたので、少しひねくれて子供時代から青年時代にかけて過ごした。小学校の時は勉強しなくてももちろんなんとかなったが、中学校はカトリック系の受験校で、校風も厳しく、わたしは旧制高校風のバンカラ好みだったから、それは全く肌に合わなかった。自分なりに意味があり、価値があると思った課目は勉強したが、詰め込みの教育方針にも反発し、それ以外は見向きもしなかったから、通信簿は落第点の赤線だらけ、あげく留年して弟と同じ学年になり、高校に進むときにはついに学校からお達しがあって転校した。父はしばしば学校に呼び出されて、ドイツ人校長から厳しく小言をいわれてきた。いまでいえば完全な落ちこぼれであった。

しかし、学校の勉強はしなかったけれども、小学校に上がるころから、父に『論語』や『古文孝経』『万葉集』『古今和歌集』などを厳しく叩き込まれた。太平洋戦争の戦火が厳しさを増していくなか、灯火管制下の押入れや防空壕の中でも、ときに割り箸で手の甲を叩かれながら素読は続けられた。

素読をさせられる一方で、伝記、人物論、歴史書、紀行文といったものは夢中で読んだ。『太閤記』とか『三国志』とかチャーチルの『わが半生』『わが思想』『わが冒険』、ビスマルク、ディズレーリなど、これはと思ったものは本が破れるほど繰り返し読んだ。チャーチルも落ちこぼれで、数学の因数分解や二次方程式などクソ食らえといっていたことを知って、これはいい先輩がいたと大いに勇気づけられたりしたものである。ただ伝記といっても、夢中になったのは、古今東西の歴史を動かしたリーダーたちの物語であって、キュリー夫人とか野口英世の伝記などにはほとんど関心が向かなかった。

江戸時代の名君のひとりにあげられる上杉鷹山は「学問とは古聖人の道を稽古修行することなり」といっているが、この鷹山の言葉は、いらざることばかり詰め込んで、品性を養うことや、真の教養を積むといった肝心のことをなおざりにしている現代教育の欠陥を誠によくいい得ている。こうした素読とともに、伝記や歴史を読みふけったことがそれからのわたしの血となり肉となったことは間違いない。

また、わたしを可愛がってくれた祖父護立は「いちばん勉強になるのは人物論を読むことと、当代一流の人物に会うことである」と鷹山と同じようなことをいって、機会をつくってはさまざまな分野の人に会わせてくれた。政治家の吉田茂さん、画家の横山大観さん、野球の川上哲治さん、登山家の槇有恒さんなど、いろいろな人のところに連れていってくれたが、そういう人たちの「風圧」「威圧感」を直接肌で感じることができたということは、確かになにによりの勉強になったと思う。吉田さんのところに伺う時、祖父は「お前の方から先に言葉を発したら負けだぞ」といってわたしを送り出したが、それは多分、位負けしないように、出会い頭の気合とでもいうものを言いたかったのだろう。

ところで、西郷さんは、聖賢について学ぶにあたってこんなことをいっている。昔の人は偉かったが自分はとてもそんな偉い人にはなれないなどと頭からそう思うことは誠に卑怯でだらしないことである。聖賢の書を読むにしても、一心をこめて読まず、またその人の心になって自分も修行することをせず、ただかような言、かような事があったと知るだけでは、なんにもならぬ。知ることは同時に行うこと、知行合一の精進をしなければ、人の剣術を傍観しているようなもので、何の役にもたたないと。

教育の第一は品性を建つるにあり

新渡戸稲造

今からおよそ百年ほど前、新渡戸稲造の『武士道』と内村鑑三の『代表的日本人』はほとんど時を同じくして、ともに邦訳（元は英語で出版された）され、日本と日本人を世界に紹介する大きな役割を果たした。その後の一世紀の間に変貌した日本人は、ふたりの理想とした日本人像からまったく異邦人のようになってしまっているといってもいいが、しかしだからこそ、優れた日本論である彼らの書は、今もなお広く読まれる価値があるのだと思う。

稲造は『武士道』の中で書いている。「武士の教育において守るべき第一の点は品性を建つるにあり、思慮、知識、弁論等知的才能は重んぜられなかった」と。一方、鑑三はその『代表的日本人』で中江藤樹をとりあげ、彼は「徳」を修めることを最も重視し、謙譲、謙遜の心こそほんとうの教育の根幹にあるべきものとしている。

鑑三はまた「私どもは、学校を知的修練の売り場とは決して考えなかった。修練を積めば生活費が稼げるようになるとの目的で、学校に行かされたのではなく、真の人間になるためだった」「私どもは、同時に多くの異なる科目を教えられることはなかった。(中略)昔の教師は、わずかな年月に全知識を詰め込んではならないと考えていたのである」「『歴史』『詩』『礼儀作法』もある程度教えられたが、おもに教えられたのは『道徳』、それも実践道徳であった」と。

わたしには小・中・高に通う三人の孫がいるが、彼らの話やその両親の話を聞くと、いまの日本の学校教育はこれで大丈夫なのかと思わざるをえない。文科省の調査でも、授業についていけない、理解できない子が大半だというし、授業がわからなければ面白いはずがない。ふりかえってみれば、わたしのころもそうだった、と中学・高校時代を思い起す。よくもまあこんなにたくさんのことを、しかも明らかに難しすぎることを教えこもうとしているものだとあきれ返ってしまう。

学習指導要領は要求が高くかつ過大すぎるという声は前からあるが、これを見ただけでも今日の学校教育崩壊を招いた最大の責任は文科省にあるといってもいいすぎではあるまい。

要はなにをもって教育の第一義とするか、その価値判断に関することだ。先にあげた新渡戸稲造は、第一に求められたのは人間としての品性の高さ、立派さであったとし、池田潔も『自由と規律』の中で、英国のパブリックスクールでは、なによりも「精神と肉体の鍛錬」が重んぜられたと書いている。小泉信三も、正を正とし、邪を邪とする勇気こそ教えるべきものと書いていて、教育がまず目的とすべきは、そうした人間教育だったのである。

学校教育と併せて大事なことは、家庭における両親の躾《しつけ》だ。言葉づかい、おじぎの仕方、立居振舞、ごはんの食べ方などすべてについて一人前の人間たるべく躾るのは親の義務であることはいうまでもない。

前々からわたしは、自分の子供時代を顧みて、小学校では読み書きソロバンができるようになればそれで充分だ、といってきた。学科については、たとえば国語ならいい文章やいい詩を何度でも朗読させて、意味を問うような、点数をつけるようなことはしない方がいい。

小学生に柱体とすい体の体積、表面積、展開図を教える必要はさらさらないだろう。それより、教室にいくのが楽しくなるような、歴史上の人物についての話、国々による風俗や習慣のちがいなど、生徒たちが関心をよせずにいられぬような素材はいくらでもある。

参考文献
中野孝次『よく生きることは人間の仕事である』海竜社
細川護熙『跡無き工夫』角川oneテーマ21
池田潔『自由と規律』岩波新書
小泉信三『私の人生論3　小泉信三』日本ブックエース

現代という時代に「独創」とか「新機軸」というものはない。すべて伝統の再生にすぎない

櫻間弓川・白洲正子

白洲正子さんの著書『名人は危うきに遊ぶ』に、このような一節がある。

現代人はとかく形式というものを嫌う。内容さえあれば、外に現れる形なんてどう

でもいいではないか、などという。そこに人間の自由があると思っているらしいが、話は逆なのである。絵画にデッサンが必要であるように、形をしっかり身につけておけば、内容はおのずから外に現れる。時には自分が思っている以上のものが現れることもある。近藤（乾三）さんは何も考えず、無心に徹したからこの世のものならぬ美しさを表現することができたので、考えてみればこれは恐ろしいことである。

今、無心ということをいったが、そういう空《くう》な状態を造り出すために、お能は六百年もかけて工夫に工夫を重ねて来た。（中略）見かけ倒しの自由の中に道を失った現代人は、もう一度そこへ還って、ほんとうの自由とは何であるか、見直してみるべきだと思う。

そして『お能』という著書の中でもそのことに関連してこんな体験談を書いている。それは梅若実さんに「花筐《はながたみ》」の月を見る型を何度も稽古させられたときの記述なのだが、月が美しいと想像しながらやっては叱られ、何も考えまいと思ってやってもダメ出しされる。すべてを忘れてただその型だけをやればいいということをそのとき教えられたと。

わたしがこどもの時お能を習った櫻間弓川《さくらまきゅうせん》さんが、著書『櫻間芸話』のなかで、こんなことを書いておられる。最近はすぐ創造とか独創とかいって新しいものに飛びつく風潮があるけれども、能ではこの「新機軸」ということは禁物である。能というものは一時のものではなく、永久を貴ぶものだから、珍しいとか、新しいとか、そういう薄っぺらなものではなく、どこまでも底光りを出すという気持ちでなくてはならない。

これは非常に素晴らしい言葉だと思う。お能には昔から、何流でも定まった形というものがあって、笑う形、怒る形、悲しむ形、その同じ形を磨いた上にも磨くのがお能の本領である。六百年という時間をかけて、装束の紐の結び方一つに至るまで、何代もの人たちが不要なところをそぎ落とすだけそぎ落としてひとつの型ができあがっているのだから。「格に入って格を出でる」という言葉があるが、芸というものはなんの芸によらず、型にはまって、その中でそれをやり尽して初めて、その型にとらわれないのびのびとした自由な味わいが出てくるものなのだと改めて思う。

いまの話に通ずることとして、正子さんが「現在を支えているのが過去ならば、先ず古く美しい形をつかまねば、新しいものが見える道理はない。（中略）伝統を背負《しょ》って生きて行く勇気のないものに、何で新しいものを生み出す力が与えられよう。人間は、牝鶏みたいに、気楽に卵を産みおとすわけに行かないのだ」と別の本（『器つれづれ』）で書いておられたのを思い出す。

あの独創の天才といわれた詩人のゲーテでさえも、自分は古典や同時代人に学んで自分というものをつくりあげてきたといっている。人間が作りあげてきた文化を学ばずして、自分ひとりでなにかを創りあげることができるなどと思ったら、それは勘違い、思いあがりも甚だしい。

あまりに興あらんとすることは、あいなきものなり

吉田兼好

テレビは一種の中毒になると思っているので、わたしはニュース以外あまり見ないようにしているが、たまにスイッチを入れると、安っぽい不出来な広告ばかり。そしてタレントなる連中が品のないおしゃべりで人を無理矢理笑わせようとする番組がやたら多くて、

わたしはすぐスイッチを切ってしまう。

『徒然草』は座右において折にふれて読んでいるが、読むたびに七百年前の日本によくぞここまで深く人間を観察する人がいたものと感嘆させられる。その文章も練りあげられたもので、どこを開いても切れ味鋭い箴言にあふれている。鎌倉末期から江戸の終りまで、日本の知識人たちは、多かれ少なかれこうした美学にさまざまに影響を受けてきたのであろう。

たとえば第二百三十一段には「大方、振舞ひて興あるよりも、興なくてやすらかなるが、勝りたることなり」とあるが、要するに、わざとやってみせて面白がらせるより、そんな下心なく、自然でさりげないほうが、ずっとすばらしいことなのだ、というのだ。また第五十四段には、「あまりに興あらんとすることは、必ずあいなきものなり」とある。あまり作為的に面白がらせようとすることは、かえって興ざめする結果を生むというのだ。タレントなる連中が、しゃべりまくって人を面白がらせようとするのを見るたびに、わたしはこの言葉を思い出す。まったく今のテレビは半分ぐらいが見るに堪えないお笑い番組になり下っているという感じで、これこそまさに「あいなき」ものの最たるものではないか。

「あいなき」ものとの関連で、いつだったか落語家・柳家小三治がＮＨＫの「プロフェッショナル　仕事の流儀」に出ているのを見た。番組全体を覚えているわけではないので、同番組のＨＰを参考にさせていただき、内容を紹介しよう。

小三治は、師匠の柳家小さんから、「お前の噺《はなし》は面白くない」と言われて悩んだことがあったという。ところがある時、同じ落語家の古今亭志ん生のことばを聞いた。

「落語を面白くしようとするには、面白くしようとしないことだ」

落語自体の面白さを正面から受け止めるべきだという志ん生のことばに、どれだけ小三治が励まされたことだろう。

このドキュメンタリーで興味深かったのは、時に観客の期待と向き合う彼の姿を追っているところだ。寄席を埋め尽くす満員の観客を見るとその期待が彼にも伝わってくる。

「この人たちを何とか喜ばせたい、笑わせたい」という思いが頭をもたげてしまいがちになる。

しかし、うけようという気持ちは、「笑わせない芸」を目指す小三治にとって邪魔になる。心が揺れる時、小三治は、「小さく小さく」と自らにつぶやく。

それに通じる話として、白洲正子さんが著書『名人は危うきに遊ぶ』の中で、福原麟太郎先生の『能の秘密』という随筆を引いてこう書いている。

「……近藤乾三氏の〈熊野《ゆや》〉が、南をはるかに眺むれば、と上げ扇だか何だかをした時は、あっと感心した。このおじいさん、何も考えてはいない。ただ形をしているだけに過ぎないのである。然るに実に美しい。ああいうのはどうにもならない。ただ美しいというよりほかに言いようがない。（後略）」

能のかたち、もしくは形式美について、これ程よく語った文章を私は知らない。（中略）近藤乾三氏は長年の修練によって、単に「南をはるかに眺める」以上の、世にも美しい姿を表現したのである。

聴衆の関心を集めようなどという浅はかな考えは、無心に徹して積み重ねた稽古に、到底太刀打ちできないのである。

註

近藤乾三（一八九〇～一九八八）能楽師。宝生流シテ方として活躍。一九六六年、人間国宝となる。

諸礼停止《しょれいちょうじ》は風雅の旧制

松尾芭蕉

わたしは茶碗作りをするくらいだから、茶にも親しみ、湯河原にある自邸不《ふ》東庵《とうあん》の茶室で客に茶を供することもある。かといって、その際に格別の衣装に改めるということはない。茶禅一味とよくいわれるが、禅では平常心が大切だと説かれる。茶もまた平常心の外にはないものだろう。

しかし、今のお茶はすっかり非日常になっている感じがする。おめかしをして、普段は身につけない着物をタンスから引っ張り出し、勿体《もったい》ぶって、「お道具拝見」などと格好をつけている場面によく出会う。また「一期《いちご》一会《いちえ》ですね」などと軽やかに口にするのも耳にする。「一期一会」とは、いついかなる時も一生に一度しか出会いのないものと覚悟して、悔いのないように客をもてなすという心構えである。これは元来が、明日をも知れぬ戦国武将たちが生死の巌頭《がんとう》に立たされたときの、ぎりぎりの状況の中でしか出てこないような言葉で、そんなに軽々しくいってもらいたくないものだ。昨今は茶にかぎらずよろず、華美と形式に堕する類が目につくように思うが、どうだろう。

　松尾《まつお》芭蕉《ばしょう》は華美を嫌った人で、こんな話を読んだ記憶がある。ある会で、芭蕉が派手な饗応《きょうおう》を嫌うのを知る主人が、茶ばかりを出して食事らしきものを一向に出さないので、さすがに空腹を覚えた芭蕉が「冷や飯でもあれば」というと、主人が慌ててご飯を鉢ごと持ってきて、行き届かぬことを詫《わ》びた。すると芭蕉が「諸礼停止は風雅の旧制」（もともと風雅というものは、型にはまってするものではなく、極力省くものは省いてするのが本来の姿なのだ）といって、主人の謝るのをさえぎり、茶漬けを食べ、風雅とは本来こうあるべきものだといったというのだ。

　これはたぶん俳諧の席でのことであろうが、茶席でもそのように、形式張らずに風雅を楽しむものであるべきだと思う。どうもいまどきの茶は、諸処、礼が多すぎて、それをまたあまりに定型化しすぎているような気がする。枝葉末節の礼儀作法だの所作だのといわれると、折角の茶の味もまずくなってしまう。

もともと侘茶は、名物など一物も持たないことが本来の姿だとされていたと思われる。千利休《せんのりきゅう》の高弟だった山上宗二《やまのうえそうじ》は、ある茶人が燗鍋《かんなべ》ひとつで食事も茶も楽しんでいたのを「胸ノキレイナル者」として侘茶の創始である村田珠光が褒めたというエピソードを伝えている。武野紹鷗《たけのじょうおう》は、珠光の侘《わ》びの茶風を発展させ、利休に伝えたが、その紹鷗の伝書の中にも「無道具真《しん》ノ茶」というのがある。真の茶は道具に頼るものではなく、心の働きによるべきだとする紹鷗の求めた茶の姿が示されている。「見渡せば花も紅葉もなかりけり浦の苫屋《とまや》の秋の夕暮れ」――この藤原定家の歌の中にこそ侘茶の心があるとした茶の祖師たちの茶の湯に対する姿勢が、茶をただの社交か風流ぐらいにしか考えていない当今の茶事といかに異質なものであるか。そこに思いを致さざるをえない。

註

山上宗二（一五四四〜一五九〇）　小田原で折から出陣中の豊臣秀吉の怒りを買い惨殺されたという。『山上宗二記』と総称される多くの伝書が残されていて、侘茶の成立や千利休の茶風を知る史料群をなしている。

村田珠光（一四二三〜一五〇二）　一休宗純に参禅、茶禅一味の境地に達したとされる。全国を放浪し、のちに足利義政に仕えたという。

武野紹鷗（一五〇二〜一五五五）　堺の商人であり茶の湯にも精通していたことで知られる。彼の影響を受けた今井宗久や千利休ら堺の商人が多く茶人となった。

藤原定家（一一六二〜一二四一）「さだいえ」が正式の名だが、「ていか」と呼ばれることが多い。その日記『明月記』は平安時代末〜鎌倉時代初めを知る一級の史料である。歌人として名があり、茶の湯では彼の書風に倣った「定家《ていか》様《よう》」は箱書きによく使われる書流。

理想について

五位鷺図（2020）

寄せて在り芙蓉第一峯

横井小楠

かの勝海舟に「世に恐ろしいものを二人見た。ひとりは西郷南洲、もうひとりは横井小楠《しょうなん》」といわしめた人物、横井小楠は、明治維新に尽力し、坂本龍馬や西郷隆盛らに大きな影響を与えた。肥後（熊本）藩士の二男として生れた小楠は、十歳にして藩校に入塾、十三歳で「経国済民」の大志を抱き、三十一歳の時、藩命を受けて江戸へ留学。まさに藩のエリートとして期待され、留学中には水戸学者の藤田東湖らと親交を結び、その影響を受ける。

酒を呑んで他藩の者といさかいを起し、帰藩を命じられたりもするが、その後肥後藩家老の長岡監物《けんもつ》らと肥後実学党を興す。実学党は「実際に役立つ学問こそもっとも大切だ」という考え方に立ち、殖産興業の必要性を説いた。しかし、当時保守的な傾向の強かった肥後藩では認められず、その考えは福井藩での改革や幕府の改革などに生かされることになる。福井藩主の松平春嶽《しゅんがく》に認められ、四度福井藩に赴き、殖産興業の事業を成功させ、他藩が経済困窮に苦しんでいるときに、福井藩の経済を見事に立て直すという偉業を果している。

福井藩の成功を受け、松平春嶽が幕府の政事総裁職に就くと、小楠もまた、中央政局で活躍することになるが、この江戸滞在中に、勤皇党の刺客により一緒にいた肥後藩江戸留守居役らが殺害され、小楠ひとりが難を逃れた。

小楠ひとり生き延びたことは、武士の道にあるまじきこととして、帰藩後知行召し上げの処分をうけ、熊本城の東の沼山津《ぬやまづ》の四時軒《しじけん》で蟄居《ちつきょ》生活を送ることになる。しかし、その後、維新政府の参与に任ぜられ、小楠はまた表舞台に登場することになったが、明治二年、京都で今度は尊王攘夷派の刺客に襲われ、六十歳で落命する。

小楠の日本精神について、大川周明は『日本精神研究』の中で、大意、次のように述べている。

> 小楠が主張した日本精神というのは、決して偏狭な島国根性ではなかった。当時輿論は攘夷が天下の大勢となっていて、国民は外国人に対して極端な猜疑心と侮蔑感をもっていた。これに対して小楠は、昂然としてこう主張した。外国人もまた天の子ではないか。仁義の大道をもってこれに接しなければならない。攘夷を唱える人々は、ただ大和魂とやらを振廻して外国人を道徳もなにもわきまえない禽獣とみなし、これを仇敵視している。サ

ザエのように蓋をとざして、富国強兵をふりかざす者がいるが、日本の使命は「大義を四海に布く」ことにある。堯舜孔子の道、つまり東洋古来の高い道徳的倫理を明らかにし、西洋の技術をわがものとしていけば、道義を基礎とする真の世界平和をきっと実現することができるだろう、と。これは当時の見識ある人々も驚いた大変な卓見であった。

　沼山津に退閑していた小楠の寓居に、ある若侍が江戸に上るというので暇乞いにきた。革命的熱情抑え難く、脱藩して改造運動に奔走しようという青年であった。小楠はその門に集まる藩士に向って、常に「人間は第一等を心がけねばならぬ」と訓戒していたが、いまこの国事に奔走しようという血気の青年に対しても日頃の訓戒を餞《はなむけ》としたのだった。「鮫島生の東行を送る」とした七言絶句では、成功を祈るとも、高名を揚げよともいわず、「寄在芙蓉第一峯」――ただ富士の高嶺に象徴される至高のサムライ精神を徹底して把持する覚悟を求めたのだった。

その国がどんな法律をもっているかよりは、その国がどんな詩と歌と

をもっているかの方が私にすれば重大なことだ

ロバート・バーンズ

スコットランドの国民詩人ロバート・バーンズは「その国がどんな法律をもっているかよりは、その国がどんな詩と歌とをもっているかの方が私にすれば重大なことだ」といった。そのバーンズの想いにはわたしも全く同感だ。孔子も「詩に興《おこ》り、礼に立ち、楽《がく》に成《な》る」といっている。詩は人情の自然に発して事を詠じ、思いを述べたものであり、音楽は人の性情を和《やわ》らげ、情操を涵養《かんよう》する。だから、詩と音楽とによって、自然のうちに人格は陶冶《とうや》される。

法律はもちろん墨守しなければならないが、豊かな感性や情感を育むことはそれ以前の問題で、わたしの父の世代ぐらいまでは詩や歌を朗読して、そうした基礎を自然と身につけていたようだ。だから若い人たちにはテレビやスマホばかりみないで、詩や名文を朗読する習慣をもっとしっかり身につけてほしいものだと思う。

バーンズの詩はスコットランドの心そのものだが、イングランドといえばシェークスピアやワーズワース、バイロン、テニスンなどがすぐ思い浮かぶ。フランスからもヴェルレーヌやボードレール、マラルメ、ランボーなどが出たし、中国になると、李白、杜甫にはじまって、陶淵明、蘇東坡、王維、孟浩然、柳宗元、韋応物などさすがに文の国だけあってとどまるところを知らない。

伊藤肇氏の『人間的魅力の研究』に、東晋で大将軍に任じられた王敦《おうとん》の話がある。彼は盃をとると、乱世の英雄といわれた曹操の詩の一節、「老驥《ろうき》、櫪《れき》に伏す。志、千里に在り。烈士、暮年、壮心やまず」をくり返しうたったという。

曹操はいずれの時代からも愛された詩人であった。

「蘇東坡の『赤壁賦』でも、『月明らかに星稀に、烏鵲《うじやく》南に飛ぶとは、此れ陣中矛を横たえてうたいし彼の孟《マ》操《マ》徳の詩に非ずや』とうたいあげられていて、まさに『英雄、首をめぐらせば、また詩人』の趣を曹操は十分に備えていたようだ」（『人間的魅力の研究』）

日本の戦国武将も、素晴らしい詩や歌を詠んでいる。

細川幽斎は当代きっての教養人といわれたが、慶長五年（一六〇〇年）、関ヶ原の前哨戦で、西軍石田三成の寄せ手は一万五千、対する幽斎の田辺城守備隊はわずか五百に追い込まれた。さすがの幽斎も進退きわまったかにみえたが、後陽成天皇と八条宮は古今伝授の幽斎を失うことは日本の損失ということで、前例のない勅使をつかわされて、幽斎は危機をのがれた。

「いにしへも　今もかはらぬ　世の中に　こころの種を　残す言の葉」

幽斎の辞世の歌とも思える一首だが、これを受けた朝廷の人々は感動し、戦慄したと伝えられる。

日本にはこうした和歌や俳句という独特のものがあり、数多くの優れた歌人をあげ得るけれども、強いて限定していえば、柿本人麻呂や山部赤人《やまべのあかひと》、大伴家持《やかもち》に代表される『万葉集』と定家や西行に代表される『新古今集』、『山家集』など、わが国も世界有数の詩と歌の国だといっていい。俳諧の芭蕉、連歌の宗祇《そうぎ》などもあげないわけにはいかないし、北原白秋、与謝蕪村、正岡子規、斎藤茂吉など数えあげたらきりがない。

才能というものは時代が呼びだすもので、上にあげたような人たちも、みなその時代の要請に基いて現れているように思われる。

ヨーロッパの音楽を例にとると、十九世紀はまさしく「音楽の世紀」といわれるように、ハイドン、ベートーヴェン、ウェーバーやシューベルト、ヨハン・シュトラウス、スメタナ、ブルックナー、ヴェルディ、グノー、ワーグナー、リスト、ショパン、シューマン、メンデルスゾーン、チャイコフスキー、ドヴォルザーク、プッチーニ、マーラー、シベリウスらを輩出した。
音楽だけではない。カントやゲーテ、ハイネといった偉人たちもこの世紀に活躍した人たちで、文化の爆発的現象ともいえる状況が、この時期にみられるのは興味深い。

註
ロバート・バーンズ（一七五九〜一七九六）詩人。スコットランド語を詩に用いたことで知られる。地元に伝わる民謡などを改作し親しみやすい形にしたことでも知られ「Auld Lang Syne」は「蛍の光」として日本でも愛唱されている。

意中、人あり

安岡正篤

信長は『信長記』や『太閤記』にも記されているように、その人柄はきわめて高慢だったといわれている。当時来朝した宣教師たちもみなそれを認めているから、信長もその批判を甘受せねばならぬだろう。この点において信長は少年時代の駄々っ児魂を一生失わなかった。ただ持って生まれた雄魂なる気魄で、群雄を小児のように駕御《がぎょ》しえたのであろう。信長には多くの欠点や短所もあったろうし、光秀に弑《しい》せられたのも、そうした彼の性格がもたらしたのではないかと推測されるが、とにかく彼はナポレオンが「吾は泥土の中より将軍を造れり」といったように、多くの英雄豪傑を草莽《そうもう》の間に見出し、見事に彼らを訓育し、それを駕御して天下統一の大業に従わしめた。

信長は十六歳のとき、「君侯の第一の肝要事は、人を知ることである」と重臣たちに語ったといわれるが、彼はすでにこの頃から、大業を成就する第一の条件は、人を得るに在ることを明確に認識していたとみえる。

そこで彼がなによりも貴んだのは実に人材であった。彼自身がそういう資質をもっていたが故に、彼はよく他の人物の素質を見抜いた。彼が採《と》った人材はいずれも「素直にして正しく、武勇の道大《おおい》に、士の格自然に、おさおさしき」（小瀬甫庵《おぜほあん》の『太閤記』）者たちだった。秀吉はじめ、佐久間、柴田、滝川、丹羽、前田、佐々、毛利の諸将みな当時ひとかどの人物であった。

信長は人を知るの明において、驚くべき天稟《てんぴん》を備えていただけでなく、人を用い、人を導く点でも優れた大将であった。その人物の資質を存分に発揮させるためには大変な苦辛《くしん》が要ることは言をまたない。だから将に将たるの器は、卓越せる教育的手腕を具《そな》えたものでなければならない。彼はその部下にとって、兵学、政治学のまたとない教師であり、彼に随身することは、かけがえのない教育を受けられるということであった。

細川家に伝わる文書によると細川家の初代幽斎（藤孝）も「息子忠興は、信長公に仕えることができて、誠に果報者であった。信長公の言行を側で見聞し、薫陶《くんとう》を受けることができたから頼もしい」と喜んだという。

信長が数ある将士の中で特に力を入れて薫陶したのは、秀吉だった。才気がありすぎて人から嫌われ、世の中ではなかなか芽が出なかった秀吉が豊太閤となりえたのは、まさに信長の指導と激励によるものといっていい。

『太閤記』にこんなくだりがある。西国征討の大任を帯びて出征中の秀吉が天正九年十二月、歳暮御礼の為、安土城に帰還し、信長に参謁する時の話である。信長は正式な挨拶の前日に登城した秀吉に「軽々しくも来たるものかな」と手を打って喜び、「さても久しや」と再三繰返し、「極暑の頃より極寒に至るまで、因幡伯耆《いなばほうき》にて永々の苦労、衰老に及びてんやと心も安からざりしが却って若やぎたり」といって他愛もなく喜んでいる。翌朝秀吉が威風堂々と登城する有様を天守の上から眺め下ろし、左右を顧みながら、当今の天下に秀吉ほど器局の大きいものはおらぬぞとほめちぎった。臣下の前も憚《はば》からず、秀吉を自分よりも偉いように賞揚して、よき家来を得たことを限りなく喜ぶところに信長の面目が躍動している。この気性こそ、天下の豪傑を悉《ことごと》く其の旗下に参集せしめた所以だろう。

東洋学の泰斗であった安岡正篤氏は、座右の銘として「六中観《りくちゅうかん》」を挙げている。その一つが「意中、人有り」で、私淑する偉人、あるいは要路に推薦し得る人など、あらゆる場合の人材の用意を指す。つまり指導者たらんとする者は、いつも心中にこれはという人物を持っていなければならないということだろう。

海に向かって旅立つ者

プラトン

総理就任から五カ月あまり経《た》った一九九四年の年明け間もない頃、わたしは日記にこう記している。

一月八日（土）晴

上智大学・ソフィア会の激励会に佳代子と出席。講堂一杯の同級生より熱烈歓迎を受く。私の挨拶要旨次の通り。

「本学を卒業して三十一年。私が卒業した一九六三年はＪＦＫ（ケネディ大統領）が暗殺された年であった。私は新聞社の編集局で一生忘れられぬ大きな衝撃をもって訃報を聞いた。スティーブン・スペンダーの詩に曰《いわ》く『真に偉大だった人々のことを私はいつも考える、生命の為に生命をかけて闘った人々の名前を、心の底に熱情の炎を燃やしていた人々のことを考える、太陽から生まれた彼らは太陽に向かってしばらく旅し、その後に彼らの名誉を示す生き生きとした風を残した』。世界中の人々が彼の死を惜しんだのは、その理想主義、アイデアリズムであり、ＪＦＫ没後三十年の今、この日本という国ですっかり失われてしまったものはアイデアリズムではないかと私は思う。アイデアリズムを失った国は滅びゆく国である。ギリシャの哲学者プラトンはこう言っている。『人間には三種類ある。死んでいる者、死んではいないが、ただ生きているだけの者、海に向かって旅立つ者』。海とはもちろん理想であり、夢であり、ロマンであり、志である。海に向かって旅立つ同志として共に希望に満ちた新しい時代を切り拓《ひら》いていこうではありませんか」

人間を偉大にするのは、ロマンであり、情熱であり、理想に向かってあらゆる困難にもめげず突き進む不屈の意志以外の何ものでもない。今、この思いはますます強い。

アルベルト・シュバイツァーは一八七五年、ドイツのカイザースブルク（現フランス領ケゼルスベール）で生まれた。子供時代は敬虔《けいけん》な牧師の家庭にあって、平和と幸福の中で同情と感謝の性格がはぐくまれた。「同情の哲学」を生きる彼は、ただ他の人々にのみ憐《あわれ》みを感じ、自分のことは決してかえりみない青年に育っていった。彼はすばらしいパイプオルガンの奏者であり、神学や哲学の才に恵まれていたが、三十歳のある日、寄宿舎で見た冊子で、アフリカでは貧困と疾病で多くの人々が苦しんでいることを知り、周囲の反対を押しきって、赤道直下の原生林に身を投じて人間への奉仕に生涯をささげる決心をする。彼はそこで宣教師としてではなく、医師として活動すべく、ただちに医学の研究を始め、一九一三年、ドクトルの学位（医学博士）を得、これよりさきに看護学を学んでいた妻とともに、アフリカの赤道直下にある現ガボン共和国のランバレネで活動を始める。

アフリカでの貴重な体験は『水と原生林のはざまで』に詳しく述べられているが、その苦難の活動は、第二次世界大戦後、精神の糧《かて》を求めていた世界の注目を集めた。彼は一九五二年度のノーベル平和賞を受けて、その名はさらに広まったが、これは彼の好まざるところであった。彼は言っている。「ランバレネの精神は、静けさと、まごころと、おちつきとを欲し、鳴りものと、広告塔と、安楽椅子とを喜ばない」と。

シュバイツァーはまさに、海に向かって旅立った者だった。

註

スティーブン・スペンダー（一九〇九〜一九九五）　イギリスの詩人、批評家。

スペイン内戦にも参加するが、政治の現実に幻滅したとされる。日本では徳永暢三訳『スペンダー全詩集』（思潮社）が刊行されている。

アルベルト・シュバイツァー（一八七五〜一九六五）ドイツの神学者、思想家、医師。優れた音楽家でもあり、パイプオルガンの演奏でアフリカでの活動資金の多くを捻出した。拠点としていたガボン共和国のランバレネで没した。自伝に、野村實訳『水と原生林のはざまで』（岩波文庫）。

文明とは道の普《あまね》く行はるるをいふ

西郷南洲

わたしの手許に古びた岩波文庫の山田済斎《せいさい》編『西郷南洲遺訓　附手抄言志録及遺文』（昭和十六年版）がある。昔、父がわたしと弟にそれぞれ与えたものの一冊で、見返しの白地に「昭和十七年五月三十一日」という父の墨書がある。当時、わたしは四歳、弟は三歳だったから、そんな本が読めようはずもないし、またその後、父と西郷さんのことを話しあった記憶もない。太平洋戦争たけなわのそのとき、父がどのような思いでこの本を子供たちに渡したのか、今となっては尋ねようもないが、ともかく、それがわたしと西郷さんの最初の邂逅《かいこう》であった。後年にわたしがその本を繰り返しめくることは父の心のどこかに期待としてあったに違いない。事実、わたしは後になって、『西郷南洲遺訓』をしばしば読み返すことになり、それは今も続いている。

高校時代には林房雄や内村鑑三の西郷論などを読み進んでいった。とくに後者の『代表的日本人』の中の「西郷隆盛——新日本の創設者」を繰り返し読み、そこに書かれた西郷さんのさまざまなエピソードはほとんど暗記しているほどだ。

例えばある雨の日に西郷さんが宮中での宴会を退出したときの話などは、西郷さんの謙譲と質素を尊ぶ精神が如実に表れている。西郷さんは入り口で脱いだ下駄が見つからず、そのことで誰にも迷惑をかけたくなかったので、裸足のまま帰途につく。しかし普段着のままの恰好を門衛に見とがめられ、身分を問われる。「西郷大将」と名乗ったが信じてもらえず、通りかかった岩倉具視《ともみ》大臣の馬車にようやく助けられたという。

西郷さんについて特筆すべきことは「無私」の人だということだ。西郷さんという人が「無私」に徹した人だったからこそ、明治維新という日本の夜明けに向けての大きな推進力たりえたのだろう。なにごとも始動には多大のエネルギーが必要だ。一旦歯車が動き始めれば、後はそのはずみでものごとは進んでいく。西郷さんは自分を空しくすることで始動に必要な大きなエネルギーを発動することができたのだと思う。

『西郷南洲遺訓』は、旧庄内藩主の酒井忠篤《ただずみ》などが西郷さんに教えを乞い、その言葉を編纂したものだが、そこには西郷さんの思想のエッセンスが凝縮されている。改めて何度読み返しても、哲学として、また人間のあるべき姿を示すものとして教えられることが多く、やはりわたしの座右に欠かせない。西郷さんの語録のなかでわたしが服膺《ふくよう》しているものは幾条もあるが、その中のひとつ、

> 文明とは道の普《あまね》く行はるるを賛称せる言にして、宮室の荘厳、衣服の美麗、外観の浮華を言ふには非ず。

などは、さすがに西郷さんの大見識で、「文明」の定義をこれほど直截《ちょくせつ》的確にいい表している言葉をわたしはほかにしらない。

日本は戦後アメリカ文明を追い求め、この数十年のあいだにほぼそれに近づき、日本人の暮らしは史上かつてなかったくらいに豊かで、便利で、快適なものになった。物はもはや不必要なくらいに所有し、グルメと称する食いもの番組がさらに飽食社会をあおる。現代社会に氾濫《はんらん》するほとんどの情報も、人が生きていく上で知らずともなんら支障のないようなものばかりだ。

わたしにはこれが豊かさだとはとても思えない。豊かさとはもっとゆったりと落ち着いたものだろう。ほんものの文明社会には真の安らぎ、真のよろこび、真の充実があるはずだ。

あとがき

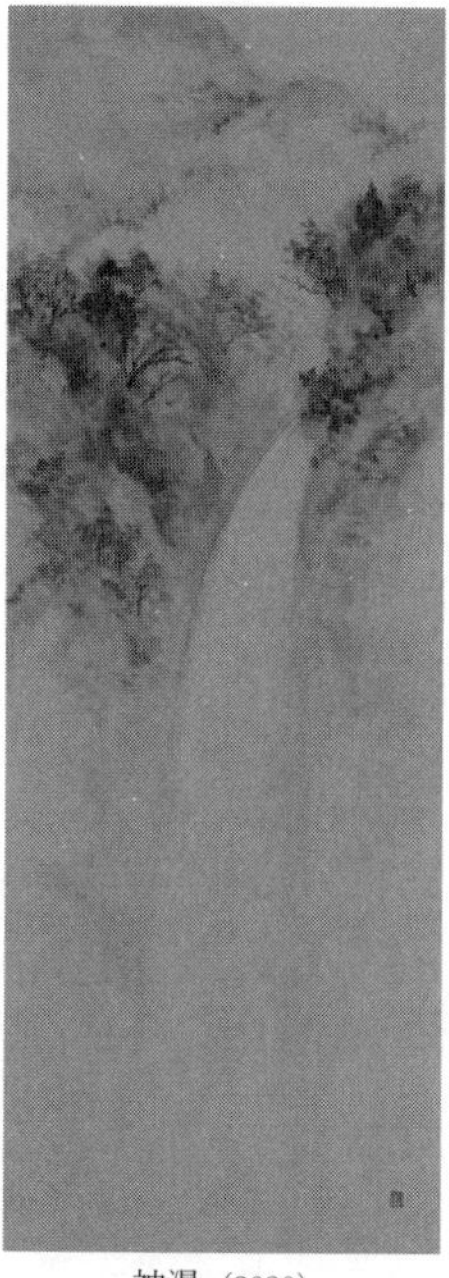

神瀑（2020）

この本はそもそも小学館『本の窓』で、「不東庵 月々の一語 明日あるまじく候」を連載したのがきっかけで始まったものだ。『本の窓』紙版終了で十三回続いた連載が二〇二〇年十月に最終回となったが、既に書きためていた原稿も之あり、せっかくなので、文春新書のほうにお話ししたところ、それならこちらで引き受けましょうということで、この度、上梓する運びとなった。

転載を快諾いただいた小学館『本の窓』編集部の皆さまに、この場を借りて御礼を申し上げたい。

新書化にあたっては、文藝春秋の鈴木洋嗣取締役、大松芳男氏、前島篤志氏、水上奥人氏に大変お世話になった。また、原稿の加筆修正ほか、校正全般にわたり、多忙な中ご助力いただいた元政策担当秘書の田中雅子氏に、改めて感謝を申し述べたい。

細川護熙（ほそかわ　もりひろ）
1938年東京都生まれ。上智大学卒。1963年、朝日新聞社入社。記者を経て、1971年、参議院議員。1983年、熊本県知事。1992年、日本新党を結党、同年参議院議員として国政に復帰。翌年、衆議院議員、第79代内閣総理大臣となる。1998年、60歳で政界を引退後、作陶・書・水墨画・油絵・漆芸などを手がけ、アーティストとして活動中。公益財団法人永青文庫理事長、公益財団法人鎮守の森のプロジェクト理事長。

文春新書

1323

明日《あす》あるまじく候《そうろう》
勇気《ゆうき》を与《あた》えてくれる言葉《ことば》

2021年8月20日　第1刷発行

著　者　細川護熙
発行者　大松芳男
発行所　株式会社　文藝春秋

〒102-8008　東京都千代田区紀尾井町3-23
電話（03）3265-1211（代表）

印刷所　大日本印刷
製本所　加藤製本

定価はカバーに表示してあります。
万一、落丁・乱丁の場合は小社製作部宛お送り下さい。
送料小社負担でお取替え致します。

©Morihiro Hosokawa 2021　Printed in Japan
ISBN978-4-16-661323-6

本書の無断複写は著作権法上での例外を除き禁じられています。
また、私的使用以外のいかなる電子的複製行為も一切認められておりません。

文春新書

◆日本の歴史

渋沢家三代　佐野眞一
古墳とヤマト政権　白石太一郎
昭和史の論点　坂本多加雄・秦郁彦・半藤一利・保阪正康
謎の大王　継体天皇　水谷千秋
謎の豪族　蘇我氏　水谷千秋
謎の渡来人　秦氏　水谷千秋
継体天皇と朝鮮半島の謎　水谷千秋
大名の日本地図　中嶋繁雄
決定版　日本の剣豪　中嶋繁雄
あの戦争になぜ負けたのか　半藤一利・保阪正康・中西輝政・戸髙一成・福田和也・加藤陽子
日本のいちばん長い夏　半藤一利編
昭和陸海軍の失敗　半藤一利・秦郁彦・平間洋一・保阪正康・黒野耐・戸髙一成・戸部良一・福田和也
昭和の名将と愚将　半藤一利・保阪正康
徹底検証　日清・日露戦争　半藤一利・秦郁彦・原剛・松本健一・戸髙一成
日本型リーダーはなぜ失敗するのか　半藤一利
「昭和天皇実録」の謎を解く　半藤一利・保阪正康・御厨貴・磯田道史

大人のための昭和史入門　半藤一利・船橋洋一・出口治明・水野和夫・佐藤優・保阪正康他
21世紀の戦争論　半藤一利・佐藤優
なぜ必敗の戦争を始めたのか　半藤一利
十七歳の硫黄島　秋草鶴次
山県有朋　伊藤之雄
指揮官の決断　早坂隆
永田鉄山　昭和陸軍「運命の男」　早坂隆
ペリリュー玉砕　早坂隆
硫黄島　栗林中将の最期　梯久美子
日本人の誇り　藤原正彦
天皇陵の謎　矢澤高太郎
児玉誉士夫　巨魁の昭和史　有馬哲夫
伊勢神宮と天皇の謎　武澤秀一
藤原道長の権力と欲望　倉本一宏
江戸の貧民　塩見鮮一郎
戦後の貧民　塩見鮮一郎
日本軍はなぜ満洲大油田を発見できなかったのか　岩瀬昇
予言者　梅棹忠夫　東谷暁

火山で読み解く古事記の謎　蒲池明弘
邪馬台国は「朱の王国」だった　蒲池明弘
「馬」が動かした日本史　蒲池明弘
文部省の研究　辻田真佐憲
古関裕而の昭和史　辻田真佐憲
写真で見る　日めくり日米開戦・終戦　共同通信編集委員室編
暴かれた伊達政宗「幕府転覆計画」　大泉光一
大日本史　山内昌之・佐藤優
日本史のツボ　本郷和人
承久の乱　本郷和人
権力の日本史　本郷和人
元号　所功・久禮旦雄・吉野健一
歴史の余白　浅見雅男
明治天皇はシャンパンがお好き　浅見雅男
皇位継承　高橋紘・所功
江戸のいちばん長い日　安藤優一郎
江戸の不動産　安藤優一郎
西郷隆盛と西南戦争を歩く　正亀賢司

姫君たちの明治維新　岩尾光代
日本史の新常識　文藝春秋編
日本プラモデル六〇年史　小林 昇
仏教抹殺　鵜飼秀徳
昭和天皇 最後の侍従日記　小林 忍＋共同通信取材班
令和を生きるための昭和史入門　保阪正康
内閣調査室秘録　志垣民郎 岸 俊光編
木戸幸一　川田 稔
「京都」の誕生　桃崎有一郎
皇国史観　片山杜秀
昭和史がわかるブックガイド　文春新書編
遊王 徳川家斉　岡崎守恭
東條英機　一ノ瀬俊也
信長 空白の百三十日　木下昌輝
感染症の日本史　磯田道史
平安朝の事件簿　繁田信一

◆文学・ことば

翻訳夜話　村上春樹 柴田元幸
翻訳夜話2 サリンジャー戦記　村上春樹 柴田元幸
漢字と日本人　高島俊男
語源でわかった！英単語記憶術　山並陞一
すごい言葉　晴山陽一
危うし！小学校英語　鳥飼玖美子
外交官の「うな重方式」英語勉強法　多賀敏行
名文どろぼう　竹内政明
「編集手帳」の文章術　竹内政明
ビブリオバトル　谷口忠大
新・百人一首　岡井隆・馬場あき子 永田和宏・穂村弘選
劇団四季メソッド「美しい日本語の話し方」　浅利慶太
芥川賞の謎を解く　鵜飼哲夫
司馬遼太郎に日本人を学ぶ　森 史朗
週刊誌記者 近松門左衛門　小野幸惠 鳥越文蔵監修
昭和のことば　鴨下信一

ビジネスエリートの新論語　司馬遼太郎
オッペケペー節と明治　永嶺重敏
世界はジョークで出来ている　早坂 隆
一切なりゆき　樹木希林
天才の思考　鈴木敏夫
いま、幸せかい？　滝口悠生選
英語で味わう万葉集　ピーター・J・マクミラン
歎異抄 救いのことば　釈 徹宗

品切の節はご容赦下さい

文春新書

◆考えるヒント

民主主義とは何なのか　長谷川三千子
寝ながら学べる構造主義　内田　樹
私家版・ユダヤ文化論　内田　樹
勝つための論文の書き方　鹿島　茂
成功術　時間の戦略　鎌田浩毅
世界がわかる理系の名著　鎌田浩毅
ぼくらの頭脳の鍛え方　立花　隆　佐藤　優
知的ヒントの見つけ方　立花　隆
日本人へ　リーダー篇　塩野七生
日本人へ　国家と歴史篇　塩野七生
日本人へ　危機からの脱出篇　塩野七生
逆襲される文明　日本人へⅣ　塩野七生
イエスの言葉　ケセン語訳　山浦玄嗣
聞く力　阿川佐和子
叱られる力　阿川佐和子
「強さ」とは何か。　宗　由貴・監修　鈴木義孝・構成

何のために働くのか　寺島実郎
日本人の知らない武士道　アレキサンダー・ベネット
女たちのサバイバル作戦　上野千鶴子
迷わない。　櫻井よしこ
サバイバル宗教論　佐藤　優
サバイバル組織術　佐藤　優
無名の人生　渡辺京二
生きる哲学　若松英輔
脳・戦争・ナショナリズム　中野剛志・中野信子・適菜　収
無敵の仕事術　加藤　崇
不平等との闘い　稲葉振一郎
70歳！　五木寛之　釈　徹宗
歎異抄　救いのことば　釈　徹宗
プロトコールとは何か　寺西千代子
珍樹図鑑　小山直彦
それでもこの世は悪くなかった　佐藤愛子
知らなきゃよかった　池上　彰　佐藤　優
知的再武装　60のヒント　池上　彰　佐藤　優

死ねない時代の哲学　村上陽一郎
コロナ後の世界　ジャレド・ダイアモンド　ポール・クルーグマン　リンダ・グラットン　マックス・テグマーク　スティーブン・ピンカー　スコット・ギャロウェイ　大野和基編
スタンフォード式　お金と人材が集まる仕事術　西野精治

◆教える・育てる

幼児教育と脳　澤口俊之

語源でわかった！ 英単語記憶術　山並陞一

外交官の「うな重方式」英語勉強法　多賀敏行

女子御三家 桜蔭・女子学院・雙葉の秘密　矢野耕平

男子御三家 麻布・開成・武蔵の真実　矢野耕平

僕たちが何者でもなかった頃の話をしよう　山中伸弥・羽生善治・是枝裕和 山極壽一・永田和宏

続・僕たちが何者でもなかった頃の話をしよう　池田理代子・平田オリザ 彬子女王・大隅良典・永田和宏

◆サイエンス

世界がわかる理系の名著　鎌田浩毅

「大発見」の思考法　山中伸弥 益川敏英

粘菌 偉大なる単細胞が人類を救う　中垣俊之

ねこの秘密　山根明弘

ティラノサウルスはすごい　土屋 健 小林快次監修

アンドロイドは人間になれるか　石黒 浩

マインド・コントロール　岡田尊司

サイコパス　中野信子

植物はなぜ薬を作るのか　斉藤和季

超能力微生物　小泉武夫

秋田犬　宮沢輝夫

フレディ・マーキュリーの恋　竹内久美子

猫脳がわかる！　今泉忠明

ウイルスVS人類　瀬名秀明・押谷 仁 五箇公一・岡部信彦・河岡義裕 大曲貴夫・NHK取材班

(2020. 12) E　　品切の節はご容赦下さい

文春新書

◆こころと健康・医学

愛と癒しのコミュニオン　鈴木秀子
心の対話者　鈴木秀子
人と接するのがつらい　根本橘夫
依存症　信田さよ子
100歳までボケない101の方法　白澤卓二
がん放置療法のすすめ　近藤　誠
がん治療で殺されない七つの秘訣　近藤　誠
これでもがん治療を続けますか　近藤　誠
健康診断は受けてはいけない　近藤　誠
卵子老化の真実　河合　蘭
ヤル気が出る！最強の男性医療　堀江重郎
糖尿病で死ぬ人、生きる人　牧田善二
サイコパス　中野信子
不倫　中野信子
さよなら、ストレス　辻　秀一
食べる力　塩田芳享

発達障害　岩波　明
天才と発達障害　岩波　明
帰宅恐怖症　小林美智子
がんはもう痛くない　内富庸介編
看る力　阿川佐和子　大塚宣夫
中高年に効く！メンタル防衛術　夏目　誠
健康長寿は靴で決まる　かじやますみこ
ヒトは120歳まで生きられるのか　田原総一朗
40歳からの健康年表　荒井秀典編
脳寿命を延ばす　認知症にならない18の方法　新井平伊

◆社会と暮らし

はじめての部落問題　角岡伸彦
潜入ルポ　ヤクザの修羅場　鈴木智彦
臆病者のための裁判入門　橘　玲
女と男　なぜわかりあえないのか　橘　玲
食の戦争　鈴木宣弘
遊動論　柄谷行人
首都水没　土屋信行
水害列島　土屋信行
ヘイトスピーチ　安田浩一
2020年マンション大崩壊　牧野知弘
ルポ　老人地獄　朝日新聞経済部
本物のカジノへ行こう！　松井政就
児童相談所が子供を殺す　山脇由貴子
夫のLINEはなぜ不愉快なのか　山脇由貴子
子供の貧困が日本を滅ぼす　日本財団 子どもの貧困対策チーム
「意識高い系」の研究　古谷経衡

ブラック奨学金　今野晴貴
対論「炎上」日本のメカニズム　佐藤健志 藤井　聡
医学部　鳥集　徹
秋田犬　宮沢輝夫
高齢ドライバー　所　正文・小長谷陽子 伊藤安海
感動の温泉宿100　石井宏子
日本プラモデル六〇年史　小林　昇
昭和の東京12の貌　文藝春秋編
平成の東京12の貌　文藝春秋編
平成の通信簿　吉野太喜
1979年の奇跡　南　信長
日本の海が盗まれる　山田吉彦
内閣調査室秘録　志垣民郎 岸　俊光編
毒親介護　石川結貴
総会屋とバブル　尾島正洋
最強の相続　荻原博子
県警VS暴力団　藪　正孝
女性を美しく見せる「錯覚」の魔法　テート小畠利子

死刑賛成弁護士　犯罪被害者支援弁護士フォーラム
パンデミックの文明論　ヤマザキマリ 中野信子
半グレと芸能人　大島佑介

品切の節はご容赦下さい

◆政治の世界

民主主義とは何なのか　長谷川三千子
拒否できない日本　関岡英之
司馬遼太郎　リーダーの条件　半藤一利・磯田道史　鴨下信一他
自滅するアメリカ帝国　伊藤　貫
新しい国へ　安倍晋三
憲法改正の論点　西　修
ニッポンの大問題　池上　彰
日本に絶望している人のための政治入門　三浦瑠麗
あなたに伝えたい政治の話　三浦瑠麗
政治を選ぶ力　橋下　徹　三浦瑠麗
国のために死ねるか　伊藤祐靖
オバマへの手紙　三山秀昭
安倍晋三「保守」の正体　菊池正史
田中角栄　最後のインタビュー　佐藤　修
安全保障は感情で動く　潮　匡人
日米同盟のリアリズム　小川和久
軍人が政治家になってはいけない本当の理由　廣中雅之
小泉進次郎と福田達夫　田﨑史郎
日本よ、完全自立を　石原慎太郎
内閣調査室秘録　志垣民郎　岸　俊光編
軍事と政治　日本の選択　細谷雄一編
兵器を買わされる日本　東京新聞社会部
地方議員は必要か　NHKスペシャル取材班
知事の真贋　片山善博
政治家の覚悟　菅　義偉

◆アジアの国と歴史

「南京事件」の探究　北村　稔
韓国併合への道　完全版　呉　善花
侮日論　呉　善花
韓国「反日」の真相　澤田克己
「暗黒・中国」からの脱出　顔　伯鈞　安田峰俊編訳
ルポ　絶望の韓国　牧野愛博
韓国を支配する「空気」の研究　牧野愛博
「中国」という神話　楊　海英
独裁の中国現代史　楊　海英
劉備と諸葛亮　柿沼陽平
王室と不敬罪　岩佐淳士
キャッシュレス国家　西村友作
性と欲望の中国　安田峰俊
日本の海が盗まれる　山田吉彦
インドが変える世界地図　広瀬公巳
反日種族主義と日本人　久保田るり子

◆さまざまな人生

生きる悪知恵　西原理恵子
家族の悪知恵　西原理恵子
男性論　ECCE HOMO　ヤマザキマリ
迷わない。　櫻井よしこ
それでもこの世は悪くなかった　佐藤愛子
僕たちが何者でもなかった頃の話をしよう　山中伸弥・羽生善治・是枝裕和・山極壽一・永田和宏
続・僕たちが何者でもなかった頃の話をしよう　池田理代子・平田オリザ・彬子女王・大隅良典・永田和宏
安楽死で死なせて下さい　橋田壽賀子
変節と愛国　浅海　保
一切なりゆき　樹木希林
天邪鬼のすすめ　下重暁子
さらば！　サラリーマン　溝口　敦
私の大往生　週刊文春編
昭和とわたし　澤地久枝
それでも、逃げない　三浦瑠麗・乙武洋匡
知の旅は終わらない　立花　隆

死ねない時代の哲学　村上陽一郎
イライラしたら豆を買いなさい　林家木久扇
老いと学びの極意　武田鉄矢

(2020. 12) C　品切の節はご容赦下さい

文春新書のロングセラー

樹木希林
一切なりゆき
樹木希林のことば

二〇一八年、惜しくも世を去った名女優が語り尽くした生と死、家族、女と男……。ユーモアと洞察に満ちた希林流生き方のエッセンス

1194

中野信子
サイコパス

クールに犯罪を遂行し、しかも罪悪感はゼロ。そんな「あの人」の脳には隠された秘密があった。最新の脳科学が解き明かす禁断の事実

1094

橘　玲
女と男　なぜわかりあえないのか

単純な男性脳では、複雑すぎる女性脳は理解できない！　「週刊文春」の人気連載「臆病者のための楽しい人生１００年計画」を新書化

1265

ジャレド・ダイアモンド　ポール・クルーグマン　リンダ・グラットンほか
コロナ後の世界

新型コロナウイルスは、人類の未来をどう変えるのか？　世界が誇る知識人六名に緊急インタビュー。二〇二〇年代の羅針盤を提示する

1271

立花　隆
知の旅は終わらない
僕が３万冊を読み１００冊を書いて考えてきたこと

立花隆は巨大な山だ。政治、科学、歴史、音楽……、万夫不当の仕事の山と、その人生を初めて語った。氏を衝き動かしたものは何なのか

1247

文藝春秋刊